KB156314

일본군 '위안부',
그 역사의 진실

NIHONGUN "IANFU" SEIDO TOWA NANI KA
by Yoshiaki Yoshimi
ⓒ 2010 by Yoshiaki Yoshimi
First published 2010 by Iwanami Shoten, Publishers, Tokyo.
This Korean language edition published 2013
by Yeoksagonggan, Seoul
by arrangement with the proprietor c/o Iwanami Shoten, Publishers, Tokyo.

교양인을 위한 역사강좌 1

일본군'위안부' 제도란
무엇인가?

요시미 요시아키 지음
남상구 옮김

역사공간

1

2012년 11월 4일 미국 뉴저지주의 『스타레저Star Ledger』라는 신문에 일본군'위안부' 강제동원을 부정하는 '그래, 우리는 사실들을 기억한다(Yes, We remember the facts)'라는 광고가 실렸다. 이 광고는 가수 김장훈과 성신여대 교수 서경덕이 뉴욕타임스스퀘어 전광판과 『뉴욕타임스The New Work Times』에 실렸던 '기억하시나요(Do you remember)'라는 광고에 대한 응답이었다.

도대체 이러한 광고를 낸 사람들은 누구일까?

또 이들이 사실이라고 주장하는 내용은 무엇일까?

광고의 취지에 동참하여 신문에까지 이름을 올렸던 국회의원 가운데 다섯 명은 현재 일본 정부의 총리와 장관으로 재직하고 있다. 아베 신조安倍晋三 총리, 시모무라 하쿠분下村博文 문부과학장관, 후루야 게이지古屋圭司 방재·납치문제 담당 장관,

이나다 토모미稲田朋美 규제개혁 담당 장관, 신도 요시다카新藤義孝 총무장관이 바로 그들이다.

그리고 이 광고를 주도한 '역사사실위원회' 회원들은 자민당 총재선거 때부터 아베 신조 씨를 지지해오고 있다.

이들이 내세우는 '사실'이란 무엇인가?

첫째, 여성들이 일본군에 의해 자신들의 의사에 반하여 매춘을 강제 당했다는 사실을 적극적으로 보여주는 문서는 발견되지 않았으며, 오히려 민간업자가 여성들을 강제로 동원하지 못하도록 경고한 문서가 발견되었다는 것이다.

둘째, 이러한 지시가 충실하게 수행되었다는 자료(『동아일보』1939. 8. 31)가 보여주듯이 일본 정부는 여성에 대한 비인도적 범죄를 엄하게 단속했다는 것이다.

셋째, '위안부'는 당시 세계 어디에나 있었던 공창제도하에서 일했던 존재로 결코 '성노예'가 아니며, 장군보다도 수입이 많았던 사례도 있듯이 대우도 좋았다는 것이다.

이러한 '사실'을 근거로 아베 신조 씨는 2012년 12월 16일 실시된 중의원선거에서 일본군'위안부' 문제에 대해 사죄와 반성을 표명한 고노 관방장관 담화(1993) 수정을 공약으로 내세웠다. 그리고 총리가 된 지금 그는 공약을 실천에 옮기려 하고 있다. 하시모토 도루橋下徹 오사카 시장(일본유신회대표)

도 '위안부'를 일본 정부나 군이 강제로 동원한 증거가 없다며 이러한 주장에 동참하고 나섰다.

2007년 7월 30일 미국 하원은 "일본 정부가 일본군들이 '위안부'를 성노예로 삼고 인신매매를 한 사실이 결코 없다는 주장을 펴는 것에 대해 분명하고 공개적으로 반박해야 한다"는 내용을 포함한 결의안을 채택했다. 하지만 2013년 현재, 이와는 정반대의 움직임이 일본에서 벌어지고 있다.

2

1990년 6월 6일 일본 참의원 예산위원회에서 시미즈 다쓰오淸水傳雄 노동성 직업안전국장은 '위안부' 실태조사를 요구하는 질문에 "민간업자가 군과 함께 따라 다녔다", "조사는 어렵다"고 답변했다. 이후 1991년 4월 1일에도 다니노 사쿠다로谷野作太郎 외무성 아시아국장이 "조사했지만 단서가 될 자료가 없다"고 답변했다.

1991년 8월 14일 일본군'위안부' 피해자인 김학순 할머니는 "내 나라 잃어버려 억울한 일을 당할 수밖에 없었던 사람이 이렇게 살아있는데, 일본에서는 그런 일이 없었다고 하니 가슴이 떨려 말을 할 수가 없습니다"라며 처음으로 이름을 밝히고 책임을 회피하는 일본 정부를 고발했다. 1991년 11월 28일에는 일본 NHK와의 인터뷰에서 "일본군에게 짓밟혀 비참하게 망가진 내 인생을 호소하고 싶었습니다. 일본과 한국의 젊은 세대가 과거에 일본이 저질렀던 일을 알았으면 합니다."라고 호소했다. 김학순 할머니의 고발에 많은 사람들이 충격을 받았다.

그 중 한 사람이 바로 요시미 요시아키吉見義明 교수이다. 그는 일본 방위청 방위연구소 도서관에서 일본 정부와 군이 '위안부' 동원과 '위안소' 설치에 관여한 사실을 입증하는 자료를 발굴하여 김학순 할머니의 호소에 응답했다. 이 자료는 1992년 1월 11일 『아사히신문朝日新聞』을 통해 공개되었다. 이를 계기로 일본 정부는 1993년 8월 4일 '위안부' 문제에 대해 사죄와 반성을 표명한 고노 담화를 발표하게 되었다. 이후 일본의 역대 총리들은 모두 공식적으로는 고노 담화 계승을 표명해 왔다. 2006년 당시 총리였던 아베 신조 씨도 마찬가지였다.

2007년 3월 16일 아베 정권은 각의에서 '정부가 발견한 자료 중에는 군과 관헌에 의한 강제연행을 직접 보여주는 기술은 없었다'는 답변서를 채택했다. 그리고 그 해 6월 14일 일본의 정치가, 교수, 언론인들이 『워싱턴포스트지』The Washington

Post』에 일본군'위안부' 강제동원은 없었다는 광고를 실었다. 이들은 다섯 가지 '사실The Facts'을 내세워 '위안부'는 '성노예'가 아니며, 강제동원도 없었다고 주장했다. 2012년 11월 4일 『스타레저』에 실린 세 가지 '사실'도 이 광고의 복제판에 불과하다.

이 다섯 가지 혹은 세 가지 '사실'에 대해 뜨거운 가슴이 아닌 차가운 머리로 자신 있게 반박할 수 있는 사람이 과연 몇 명이나 될까? 나 자신은 어떠한가? 일본군'위안부' 역사의 진실을 부정하는 다섯 가지 '사실'을 조목조목 반박하며 답을 제공하는 것이 요시미 교수의 이 책이다. 이 한 권의 책에 20년에 걸친 '위안부' 문제 연구 성과가 모두 녹아 들어가 있다고 해도 과언은 아니다.

마지막으로 한국어 출판을 허락해 주신 요시미 요시아키 교수님과 이와나미 출판사, 도서출판 역사공간에 감사를 드린다.

2013년 8월 15일
남 상 구

무엇이 문제가
되고 있는가

일본군'위안부'('종군위안부')였던 김학순 씨가 처음 공개적으로 일본 정부에 사죄와 배상을 요구했던 것이 1991년입니다(앞으로 일본군'위안부'를 군'위안부'로 표기하도록 하겠습니다). 당시 군'위안부'였던 여성들은 고령으로 별세 소식이 이어지고 있습니다. 하지만 여성들의 명예와 존엄은 회복되지 못했습니다. 문제는 아직 해결되지 않았습니다.

2007년 미국 하원은 일본 정부에게 일본군이 여성들을 '성노예제'로 강제했다는 사실을 명확하게 인정하고 사죄할 것을 권고하는 결의를 채택했습니다. 이후 네덜란드 하원·캐나다 하원·유럽 의회·한국 국회·대만 입법원에서도 결의가 이루어졌습니다. 네덜란드 하원과 캐나다 하원을 제외하고는 모두 명확하게 사실을 인정하고 사죄할 것을 권고하거나 요구하고 있습니다(캐나다 하원은 국회에서 사죄 결의를 채택할 것을 권고하고 있습니다). 나아가 유럽 의회는 법적인 책임을 받아들일 것과 피해자에게 효과적으로 배상하기 위한 행정기구를 설치할 것 등을 권고하고 있습니다(네덜란드 하원·한국 국회·대만 입법원도 피해자에게 배상할 것을 요구하고 있습니다).

1993년 고노 요헤이河野洋平 관방장관은 담화를 발표하여 "본 건은 당시 군의 관여하에 많은 여성의 명예와 존엄에 깊은 상처를 준 문제이다"라고 인정했습니다. 또한 "우리들은 역사연구, 역사교육을 통해 이러한 문제를 오랫동안 기억하고 같은 잘못을 결코 되풀이하지 않겠다는 굳은 결의를 다시금 표명한다"고 선언했습니다.

그런데 1994년 무렵부터 군'위안부'는 자유 의지로 매춘을 한 '공창公娼'이라는 의견이 각료(나가노 시게토永野茂門 법무장관)들 사이에서 나오게 됩니다. 그 후 중학교 역사교과서에서는 군'위안부'에 대한 기술이 거의 사라졌습니다. 2004년 11월에는 나카야마 나리아키中山成彬 문부과학장관이 "'위안부' 기술 등이 줄어든 것은 정말 다행스런 일이다"라는 발언을 했으며, 2007년 3월 5일에는 아베 신조安倍晋三 총리가 참의원 예산위원회에서 "관헌官憲이 집에 침입해" 연행했다는 좁은 의미의 '강제성'은 없었던 것이 아닌가라는 발언을 했습니다.

일본의 발언과 국제사회의 인식은 왜 이렇게 차이가 큰 것일까요? 또한 군'위안부'가 된 여성들의 명예와 존엄이 회복되지 못하는 이유는 어디에 있는 것일까요? 군'위안부' 제도가 어떻게 만들어지고, 어떻게 유지되고 확대되어 갔는지에 대해 일본 국내에서 아직 잘 이해하지 못하고 있기 때문이라고 생각합니다.

저는 군'위안부' 문제란 여성에 대한 성폭력과 이민족에 대한 차별 그리고 가난한 사람에 대한 차별이 겹쳐져 발생한 문제라고 생각합니다. 그리고 이 문제를 근본적으로 해결하지 못할 경우 국제사회와 아시아에서 일본의 신용은 실추될 수밖에 없습니다. 문제를 방치하면 장래에 커다란 화근을 남기게 될 것입니다. 그러나 만약 문제를 해결하면 피해를 입은 여성들의 명예와 존엄이 회복될 뿐만 아니라 성폭력의 근절과 이민족에 대한 차별 극복이라는 과제 해결에 일본이 크게 공헌하게 될 것입니다. 정권교체가 실현된 지금이 그것을 실현하는 좋은 기회가 아닐까요?

논의를 위한 실마리 – 『워싱턴포스트지』에 실린 '사실'이라는 광고

2007년 6월 14일 『워싱턴포스트지』에 게재된 'The Facts(사실)'라는 광고를 실마리로 군'위안부' 제도란 무엇인지에 대해 말씀을 드리도록 하겠습니다. 미국 하원에서 결의가 채택된 것은 7월 30일입니다. 이 광고는 결의안에 반대하는 일본인으로 구성된 '역사사실위원회'가 일본 국회의원·지식인·저널리스트들의 찬동을 얻어 실명으로 게재한 것으로, '역사적 사실'을 제시한 것이라고 주장하고 있습니다. 이 위원회 구성원은 야야마 다로屋山太郎·사쿠라이 요시코櫻井よしこ·스기야마 고이치すぎやまこういち·니시무라 고유西村幸祐·하나오카 노부아키花岡信昭 등 다섯 명입니다.

결과부터 말씀드리면 이 광고는 미국인들의 반발을 가져와 오히려 결의안 가결을 촉진시켰습니다. 왜냐하면 미국 사회에는 여성에 대한 성폭력은 용서할 수 없다는 강한 공론이 형성되어 있기 때문입니다. 부시 정권에서 국가안전보장회 아시아 선임부장을 역임한 마이클 그린 씨는 군'위안부' 문제에 대한 질문에 다음과 같이 대답했습니다.

(군'위안부'였던 여성들이) 강제로 당했는지 어떤지는 관계없다. 일본 이외에는 누구도 그 점에 대해 관심이 없다. 문제는 위안부들이 비참한 일을 당했다는 것으로, 일본의 정치가들은 이 기본적인 사실을 망각하고 있다(『아사히신문』 2007년 3월 10일).

'강제'가 있었는지 어떤지는 중요한 문제라고 생각합니다만, 부시 정권을 유지해온 공화당계 사람들조차도 이렇게 생각하고 있는 것입니다. 여성 성폭력에 대해서는 우파들도 엄중하게 대응하고 있습니다. 크리스트교 원리주의에 토대를 둔 그들이기 때문에 더 엄중하게 대응한다고도 할 수 있습니다. 이러한 여론 때문에 미국 정치가와 관료는 가령 마음속으로 그렇게 생각하지 않을지라도, 성폭력을 조장하는 듯한 발언은 할 수 없는 것입니다. 일본 상황과는 커다란 차이가 있습니다.

또 하나, 유엔 안전보장이사회 제1325 결의를 돌이켜 볼 필요가 있습니다. 이 결의는 2000년 10월 31일 채택되었는데, 다음과 같은 내용이 포함되어 있습니다.

모든 국가에게는 대량학살genocide, 인도에 반하는 범죄, 성性적 기타 여성·소녀에 대한 폭력을 포함한 전쟁범죄 책임자를 처벌하지 않던 상황에서 벗어나 이제는 사건에 대한 공소를 제기할 책임이 있다는 것을 강조한다.

이렇게 유엔 안전보장이사회에서는 전쟁으로 인해 발생한 성폭력에 대해 엄중하게 추궁해야 한다고 결정했습니다. 미국 하원 결의안은 군이 제1325 결의를 인용하면서까지 일본 정부가 이 결의안에 찬성했다는 사실, 따라서 일본 정부는 전시 성폭력에 대해 제대로 대응하는 자세를 보이고 있을 것이라는 점을 강조하고 있습니다.

아베 총리는 미국 하원 결의안에 반대하기 위해 부시 대통령과 회견을 했습니다. 그러자 유엔에서는 훌륭한 태도를 보여준 일본 정부의 정상이 군'위안부' 문제에 대해서는 왜 부정적인 태도를 취하는가라는, 어쩌면 당연한 의문을 갖게 됩니다.

그러나 국제사회에서 통용되지 못하는 '역사사실위원회'의 견해가 일본에서는 많은 지지를 받고 확산되고 있는 것이 현실입니다.

다섯 개의 '사실'을 주장한 이 광고는 일본 정부에게 책임이 없다고 하는 사람들이 어떤 주장을 하고 있는지, 그 핵심을 아주 명쾌하게 보여주고 있습니다. 본문에서 이들이 주장하는 '사실'의 실체를 밝히고, 자료·증언을 어떻게 이해해야 하는지에 대해 논하도록 하겠습니다.

※ 광고(영문)는 http://www.ianfu.net/facts/facts.html 참조.

I

일본군'위안부'
제도란 무엇인가

군'위안부' 제도란 무엇인가?

'사실'을 검토하기에 앞서 먼저 군'위안부' 제도란 무엇인지를 살펴보도록 하겠습니다. 군'위안부'란 1932년 제1차 상하이上海사변부터 1945년 일본 패전까지 전지戰地·점령지에 일본 육해군이 만든 위안소에서 군인·군속의 성性 상대를 강요당한 여성을 말합니다.

　군위안소에는 크게 세 가지 유형이 있습니다.

　첫째는 군이 직접 경영하는 위안소, 둘째는 민간업자에게 경영을 맡기는 군 전용 위안소, 셋째는 민간의 유곽 등을 군이 일시적으로 지정하여 이용하는 위안소입니다. 이 중 첫 번째와 두 번째 위안소에 대해서는 군의 책임이 특히 더 무겁다고 할 수 있습니다. 이와는 별도로 현지 부대가 그 지역의 여성들을 연행하여 일정 기간 감금·강간한 사례도 있습니다.

군은 국가의 조직입니다. 그러한 군이 위안소를 만들고, 유지하고, 확대했다는 것이 큰 문제인 것입니다. 예를 들자면 문부과학성이 각 학교에 교원 전용 위안소를 만들고 교원에게 이용하게 했다면, 누구라도 이상하게 여길 것입니다. 전쟁터·점령지였다고 해도, 아무리 군이라고 해도 그것이 허락되는 것은 아니지 않습니까?

왜 만들었는가?

그러면 왜 군위안소를 조직적으로 만든 것일까요? 일본
군이 이 제도를 만든 동기를 군의 자료를 통해 살펴보
면 크게 네 가지입니다.

첫 번째 이유로 내세웠던 것은 강간 방지입니다. 일본군이
중국 각지에서 작전을 개시한 이후 전투가 일단락되면 장교
와 병사에 의한 강간사건이 다수 발생했습니다. 이것은 군의
위신을 실추시키는 중대한 문제였기 때문에 강간을 방지하기
위해 군위안소를 만들라고 파견군이 지시한 자료가 남아 있
습니다.

그러나 이 방법은 실패했습니다. 군위안소에 특정한 여성
을 가둬놓고 장병들의 성을 상대하도록 한 것이 오히려 성적
욕망을 증폭시킨 것입니다(게다가 이것은 특정 여성에 대한 성

폭력을 용인하는 것이라고 할 수 있습니다). 그리고 군위안소에 갈 수 없을 때라든가, 위안소가 없는 곳에서 병사들은 여전히 강간이라는 범죄를 일으켜 근본적인 강간 방지에 도움이 되지 못했습니다.

두 번째 이유로 내세웠던 것은 성병 만연 방지입니다. 일본군 장병이 전지·점령지에서 민간 매춘업소에 가게 되면, 그곳은 성병이 만연하고 있었기 때문에 성병에 감염되게 됩니다. 또한 성병에 걸리면 치료에 긴 시간이 걸리므로 병력 소모로 이어집니다. 이를 방지하기 위해 일본군은 장병에게 민간 매춘업소에 가는 것을 금지시키고, 그 대신 군인·군속 전용 시설인 위안소를 만든 것입니다. 성병의 만연을 방지하겠다는 의도였습니다.

그러나 이것도 실패합니다. 일본군 가운데 이미 성병에 감염된 사람이 있었기 때문에 군위안소가 오히려 성병을 만연시키는 원인이 되기도 했기 때문입니다. 따라서 여성들의 성병 관리를 아무리 확실하게 하려고 해도 실제로는 불가능했습니다. 이에 성병 확대에 놀란 육군이 실태 파악에 나섰는데, 성병 신규 감염자 수를 보면 1942년 11,983명, 1943년 12,557명, 1944년 12,587명으로 나타납니다.[1] 이 숫자는 빙산의 일각이라고도 할 수 있는데, 여하튼 성병 신규 감염자수가 계속해서 증가합니다. 물론 시기가 뒤로 갈수록 병사의 동원수도 증가하기 때문에 비율로 보면 감소할지도 모릅니다만, 총수는 증가하고 있습니다. 군위안소를 만들어서 성병 만연을 방지한다는 것 자체가 무리였던 것입니다.

그런데 강간 방지와 성병 만연 방지에 제대로 역할을 하지 못했던 군 시설이 왜 그 후에도 계속해서 만들어지고 늘어났던 것일까요?

세 번째 가장 큰 이유는 일본군 장병에게 현지에서 '성적 위안'을 제공한다는 발상이 강했다는 데 있습니다. 전쟁터에서 병사들은 스트레스가 아주 많이 쌓입니다. 군이 특히 우려했던 것은 그 스트레스가 상관을 향해 폭발하는 것이었습니다. 그것을 해소하기 위해 위안소를 제공한 것입니다.

위안이란 무엇입니까? 일반적으로는 스포츠·영화·연극 또는 책을 제공하는 등의 건전한 오락을 생각할 수 있습니다. 하지만 유감스럽게도 일본군 지휘부가 처음부터 생각했던 것은 여성을 물건 취급하여 제공하는 것이었습니다.

병사의 스트레스를 해소하기 위한 가장 좋은 방법은 전쟁을 그만두는 것입니다. 특히 일본이 한 전쟁은 대의명분이 없는 침략전쟁이었기 때문에 스트레스는 더 컸을 것으로 여겨집니다. 전쟁을 그만두는 것이 불가능한 경우는 전장에 병사를 장기간 붙들어 두지 않고 휴가 제도를 만들어 일시 귀국시키는 방안도 고려할 수 있습니다. 또한 일정 기간 동안 전투 근무를 하면 제대·귀국시키는 것도 생각할 수 있습니다. 제1차 세계대전의 경험을 바탕으로 유럽과 미국의 군대는 이러한 사실을 깨닫고 있었습니다. 그러나 일본군은 휴가제도가 거의 없는 비참한 상태였고, 제대·귀국제도도 불충분했습니다. 일단 전장에 나가게 되면 언제 휴가를 받을지, 귀환할 수 있을지 몰랐기 때문에 스트레스가 극단적으로 쌓여 갔습니다. 또한 군대 내에서 병사들이 인권을 인정받지 못하고 심한 억압 하에 놓여 있던 것도 스트레스의 원인이었습니다.

네 번째 이유로 군이 내세웠던 것은 '방첩(스파이 방지)'입니다. 이상하게 들릴지도 모르겠습니다만, 군은 병사가 전지·점령지에 있는 민간 매춘업소에 드나들면 거기에 있는 여성과 친해져서 군의 비밀을 발설할 우려가 있다고 생각했습니다. 이 때문에 전지·점령지에 있는 민간 매춘업소에 드나드는 것을 금지하고, 그 대신에 군이 업자와 여성을 포함해 충분히 제어할 수 있는 군 전용시설을 만들려고 한 것입니다.

군위안소가 만들어진 이유는 이상과 같습니다. 이 시설은 군이 창설, 관리, 유지·확대 및 제어할 수밖에 없는 요인들을 포함하고 있습니다.

'강제'란 무엇인가?

성을 산다는 성性 상품화는 그 자체도 문제지만, 여성이 강제가 아니라 자유 의지로 매춘을 한다면 그것을 사더라도 문제가 없지 않느냐고 하는 생각은 뿌리가 깊습니다. 군'위안부' 문제도 마찬가지입니다. 하지만 여기서는 성의 상품화 문제는 잠시 접어두고, 군'위안부'가 되었던 여성들이 정말로 자유 의지로 매춘을 했다고 할 수 있는지, 여성들에 대한 강제는 없었는지에 대해 검토해 보도록 하겠습니다.

먼저 기본적인 개념을 정리해 둘 필요가 있습니다. '강제'란 무엇인가입니다. 이것은 1993년 고노 관방장관 담화가 제시한 정의로 충분합니다. 강제란 '본인의 의사'에 반하는 행위를 시키는 것입니다. 본인의 의사에 반하여 연행하는 것은 '강제연행', 본인의 의사에 반하여 사역을 시키는 경우는 '강제사역'입니다. 그리고 강제연행과 강제사역은 분리할 수 없는 하나의 문제로 검토해야 합니다.

이야기가 조금 상세해집니다만, 아베 총리가 말한 것처럼 '넓은 의미의 강제'는 문제가 아니라는 주장이 있습니다. 전전戰前의 형법 제33장 '약취略取 및 유괴죄'는 군'위안부' 문제를 검토하는 데 매우 중요한 의미가 있습니다. 특히 그 중 제226조가 중요합니다. 실제로 이 조항으로 처벌받은 사례도 있습니다(31쪽 참조). 그 내용은 다음과 같습니다.

제국 밖으로 이송할 목적으로 약취 또는 유괴한 자는 2년 이상의 유기징역에 처한다.

제국 밖으로 이송할 목적으로 (인신)매매를 하거나 약취·유괴한 자 또는 팔린 자를 제국 밖으로 이송한 자도 마찬가지이다.

형법은 네 가지 사항을 범죄로 규정하고 있습니다.[2]

첫 번째는 '국외이송 목적 약취죄'입니다. 이것은 국외이송을 위해 폭행이나 협박을 수단으로 사람을 보호 상태에서 억지로 떼어놓아 자기 또는 제3자의 사실적事實的인 지배하에 두는 것입니다. 이 경우 폭행·협박은 형법학자의 주장에 의하면 피해자의 반항을 억압할 정도의 강력한 것이 아니라도 해당된다고 합니다.

두 번째는 '국외이송 목적 유괴죄'입니다. 국외이송을 위해 기망欺罔 또는 유혹을 수단으로 사람을 보호 상태에서 억지로 끌어내어 자기 또는 제3자의 사실적事實的 지배하에 두는 것이라고 되어 있습니다. '기망'이란 "허위 사실로 상대방이 착오를 일으키게 하는 것" 즉 속이는 것입니다. '유혹誘惑'이란 "감언甘言으로 상대방을 움직여서 그 판단의 적정適正을 그르치게 하는 것"을 말합니다. 기망까지는 아니지만 감언甘言에 의한 것도 범죄가 됩니다.

세 번째는 '(국외이송 목적) 인신매매죄'입니다. 이것은 "국외이송을 위해 대가를 받고 사람의 몸을 넘겨주고 넘겨받는 것"으로, 파는 자·사는 자 모두 정범正犯(범죄행위의 실행자)입니다. 한편 인신매매를 널리 처벌하기 위해 형법 개정이 이루어진 것은 2005년입니다. 그때까지 일본 형법은 국외이송과 관련된 경우를 제외하고는 인신매매를 범죄로 규정하고 있지 않았습니다.

네 번째는 '국외이송죄'입니다. 약취나 유괴 또는 매매된 자를 국외로 이송하는 것입니다.

일본 정부에게 책임이 없다고 하는 사람들은 '좁은 의미의 강제'만이 문제인 것처럼 말합니다. '좁은 의미의 강제'라는 것은 '국외이송 목적 약취죄'에 해당하는 사례를 말하는 것으로 여겨집니다만, 실제로 넓은 의미·좁은 의미는 차이가 없습니다. 죄의 무게는 똑같습니다. '국외이송 목적 약취죄'·'국외이송 목적 유괴죄'·'인신매매죄'·'국외이송죄'에 대한 형벌은 차이가 없는 것입니다. 또한 군이나 관헌이 현장에서 직접 개입하지 않았다면 책임이 없다는 것도 납득하기 어려운 주장입니다. 군이 모집을 지시했다면, 바로 군이 최고책임자인 것입니다.

이것을 잘 이해하기 위해 오늘날 북한에 의한 납치 피해자에 관한 경찰청 발표문을 살펴보도록 하겠습니다. 일본인 납치 피해자 문제에 대한 일본 경찰청 발표문을 보면 문제의 본질이 보다 명확해집니다. 경찰청이 1978년 음식점 종업원이었던 다나카 미노루田中實 씨(당시 28세)가 "감언에 속아서 해외로 나간 후, 북한에 보내졌다"고 인정한 사례입니다. 경찰청은 "여러 증언 등을 통해 다나카 씨가 감언에 이끌려 북한에 보내진 것을 강하게 시사하는 진술 증거 등을 새로 입수하였다"며 납치를 인정했습니다.[3] '좁은 의미의 강제'는 아니지만, 경찰청은 납치용의사건으로 인정한 것입니다. 또한 직접 손을 댄 것은 관헌이 아니라 다나카 씨가 일하던 음식점 주인이었지만, '북한에 의한 납치'로 규정하고 있습니다. 즉 이 납치사건에서 경찰청은 넓은 의미의 강제와 좁은 의미의 강제 사이에 아무런 본질적 차이는 없고 지시한 자에게 가장 큰 책임이 있다는 인식을 갖고 있었다는 것입니다.

저는 이것은 매우 중요한 사실이라고 생각합니다.

또한 당연한 일입니다만, 증언 등을 통해 인정한 것으로, 북한의 공문서가 없다면 인정할 수 없다는 등의 입장을 경찰청이 취하고 있는 것은 아닙니다.

처벌받은 사례

군 지정 위안소와 관련하여 실제로 형법 제226조에 의해 '국외이송 목적 유괴죄'와 '국외이송죄'로 처벌받은 사례가 있습니다(이 사례는 『마이니치신문每日新聞』 1997년 8월 6일자에 보도되었습니다). 1937년 3월 5일자 대심원(현재의 최고재판소, 주 : 한국의 대법원에 해당) 판결입니다. 중일전쟁이 시작된 것이 같은 해 7월이니까 그 직전의 일입니다.

1931년에 일어난 만주사변이 확대되어 1932년에 제1차 상하이사변이 일어났습니다. 이것이 일단락되고 난 후 상하이에 군위안소가 설치됩니다. 이때 해군 지정 위안소를 만들기 위해 나가사키長崎에서 여성들을 속임수와 감언으로 데려온 업자가 나중에 처벌을 받게 됩니다. 업자는 1년 정도 여성들을 위안소에 붙잡아 두었는데, 나중에 재판을 받았습니다.

속임수 등 방법은 다음과 같습니다.[4]

1932년 3월부터 5월까지 경영자와 알선인들은 목적지와 하게 될 일에 대해 "병사 상대 식당", "제국 군대의 주보酒保 같은 곳에서 물건 판매", "상하이 요리점의 여급이나 하녀", "해군 지정 위안소로서 수병 또는 사관을 상대하는 '카페'" 등이라고 속였습니다. 주보란 군대 내에 있는 물품 판매소입니다. 또한 카페(주로 술집)의 여급은 호스티스와 같은 접객업입니다. 매춘을 하는 경우도 있었지만, 반드시 매춘을 해야 했던 것은 아닙니다. 경영자와 알선인들은 여성들을 병사의 성을 상대하는 '위안부'로 고용하게 되면 몇 천 엔이나 들어갈 뿐만 아니라 동의를 얻는 것도 어려울 것이라고 판단하여 위안소가 무엇을 하는 곳인지 알려주지 않았던 것입니다.

그리고 수입에 대해서는 급료는 싸지만 팁이 많으니까 월 70~80엔 정도 된다, 200~300엔 정도 된다, 1년에 일본 국내의 2~3년분 수입은 된다는 식의 감언으로 유혹을 했습니다.

1936년 2월 14일, 나가사키 지방법원은 주범 3명에게 징역 3년 6개월, 종범 2명에게 2년 6개월, 2명에게 2년, 3명에게 1년 6개월(집행유예는 이 중 3명에게만 적용)의 형을 선고합니다. 같은 해 9월 28일, 나가사키 항소원(현재의 고등재판소, 주 : 한국의 고등법원에 해당)은 3명을 징역 2년 6개월로 감형하고 4명은 2년, 1명은 1년 6개월(집행유예)의 처벌을 내립니다(종범 2명은 감형, 3명은 1심과 동일. 2명은 항소하지 않음). 1937년 3월 5일, 대심원은 피고들의 상고를 기각하고 유죄 판결을 확정합니다. '국외이송 목적 유괴죄'와 '국외이송죄'를 적용하여 위안소 경영자와 알선인에게 유죄 판결을 내린 것입니다. 이 사례가 보여주듯이 '넓은 의미의 강제'도 범죄라는 것은 명백한 사실입니다.

그러나 1937년 중일 전면 전쟁이 시작되어 군위안소가 광범위하게 설치되는 가운데, 이 제226조가 적용된 사례는 그 후 없었다고 생각합니다. 왜냐하면 이 재판 사례는 군이 선정한 것이 아닌 민간업자가 위안소를 만들려고 했던 사례로, 배후에 군의 명확한 의지나 지시는 없었다고 하는 점을 생각할 수 있습니다(경영자 중 한 명이 명칭을 해군 지정 위안소라고 했다고 하고 있기에, 해군의 지정을 받은 것은 아닌가라고 생각합니다).

그 후 군위안소가 대량으로 설치되는 경우에는 군이 그것을 결정하고, 군의 지시에 입각하여 설치되었기 때문에, 특히 식민지에서는 묵인되게 된 것이라고, 저는 생각합니다.

누가 **주역**이었는가?

군 '위안부' 제도를 운용한 주체는 군인가, 아니면 군에 의해 선정된 업자인가라는 문제도 살펴보기로 하겠습니다. 가령 약취 및 유괴와 인신매매가 있었다고 해도 그것은 업자가 멋대로 한 것으로, 군과 정부는 책임이 없다는 주장도 있기 때문입니다. 과연 그럴까요?

군 '위안부' 제도 운용의 주체는 군이라는 사실을 두 가지 측면에서 지적하고자 합니다. 첫째, 공문서에 드러난 위안소 운용 실태입니다. 먼저, 위안소 설치는 파견군의 명령(지시)에 따른 것입니다. 예를 들면 1938년 6월 27일 북지나방면군은 되도록 신속하게 군위안소를 만들라는 지시를 합니다. 이 시점에 군 전용 위안소는 이미 업자가 제멋대로 전쟁터로 찾아가서 만들 수 있는 상황이 아니었습니다.

다음으로 이러한 명령이 내려오면 전쟁터와 점령지 부대는 현지에서 여성을 모집하던가 아니면 업자를 선정해서 일본·조선·대만에서 여성들을 모집하도록 합니다. 파견군이 내무성·조선총독부·대만총독부에 의뢰해 현지 경찰이 업자를 선정해서 모집하는 경우도 있었습니다(자료를 보면 1942년 이후에는 헌병대가 선정 등을 담당한 듯합니다). 업자는 손발로 이용된 것입니다.

업자 및 여성의 도항과 전지·점령지에서의 이동에는 군이 편의를 제공했습니다. 그리고 군위안소로 사용할 건물은 군이 접수해서 업자에게 이용하도록 했으며, 건물의 개조도 군이 했습니다. 또한 군위안소 이용규칙·이용요금 등도 군이 결정했습니다. 여성들의 식료품·의복·침구·식기 등을 군이 제공하는 경우도 있었습니다. 그리고 군'위안부'의 성병 검사는 군의軍醫가 했으며, 각 부대는 군위안소를 감독·통제했습니다.[5]

이러한 내용은 일본군과 정부의 공문서가 공개되어 있으므로, 간행된 자료집[6]을 통해 누구라도 확인할 수 있습니다. 업자가 아니라 군이 주역이었다는 것은 명백한 사실입니다.

군의 **후방시설**

둘째, 군위안소는 군의 후방시설(병참 부속시설)로 설치되었는데, 그 법적 근거를 살펴보고자 합니다. 일본 육해군은 일본 내에서도 최대 관료조직이었습니다. 따라서 무엇을 하더라도 법이나 규칙, 지시 등 그 근거를 필요로 했습니다. 그렇다면 군위안소는 어떠한 법적 근거에 따라 설치된 것일까요? 교토대학의 나가이 가즈永井和 교수는 '위안소는 군의 후방시설로 설치되었으며, 법적 근거는 1937년 9월 29일자 육달陸達 제48호 야전주보규정 개정野戰酒保規程 改正'이라고 주장합니다.[7] 이것은 매우 설득력 있는 주장입니다. 중일전쟁이 확대되던 시기에 개정된 이 규정 제1조는 개정 전에는 다음과 같았습니다.

야전 주보는 전지 또는 사변지에서 군인·군속 기타 특별히 종군이 허용된 자에게 필요한 일용품·음식물 등을 정확하고 염가로 판매하는 것을 목적으로 한다.

앞에서 말씀드린 대로 주보란 군대 내에 있는 물품 판매소인데, 규정이 개정되면서 "야전 주보에서는 전항前項 외에 필요한 위안시설을 설치할 수 있다"는 내용이 추가됩니다. 이 내용은 나가이 교수가 찾아낸 것입니다. 여기서 말하는 '필요한 위안시설'의 주요시설로 위안소가 설치되었다고 하는 것입니다. 그렇다고 하면, 군'위안부'제도는 군의 부속 병참시설로서 설치되었다고 하는 사실이 한층 더 확실해진다고 생각합니다.

이상에서 살펴본 바와 같이 군'위안부' 제도의 창설·유지·운용·관리의 주체는 군이었습니다. 업자를 활용한 경우라도 업자의 역할은 부차적인 것에 지나지 않았습니다. 만약 업자가 '국외이송 목적 약취죄'·'국외이송 유괴죄'·'인신매매죄'·'국외이송죄' 등의 범죄를 저질렀다면, 그것을 방지하지 않았던 군에게도 중대한 책임이 있다고 할 수 있습니다.

Ⅱ

다섯 가지 '사실'을 검증한다

역사사실위원회가 주장하는
첫 번째 '사실'

사실 1 여성들이 자신의 의지에 반하여 일본 육군에 의해 매춘을 강요당했다는 것을 적극적으로 보여주는 역사학자와 조사기관에 의한 역사적 문서는 지금까지 하나도 발견되지 않았다. 정부와 군 지도자가 내린 전시 명령을 소장하는 아시아 역사자료센터의 조사에서도 여성들이 '위안부' 일을 하기 위해 강제로 끌려갔다는 것을 증명할 자료가 전혀 없다는 사실이 밝혀졌다.

반대로 여성들의 의지에 반하는 일을 강제하지 않도록 민간업자에게 경고하는 많은 문서가 발견되었다.

1938년 3월 4일에 내린 육군 통첩 제2197호는 육군의 명의를 부정한 방법으로 사용하거나 유괴와 같은 모집방법에 대해 그러한 행위는 엄벌에 처한다고 경고하여, 명확하게 금지하고 있다. 1938년 2월 18일에 내린 내무성 통첩(제77호)은 '위안부' 모집은 국제법을 준수해야 한다며 여성의 노예화와 유괴를 금지하고 있다. 11월 8일에 내린 통첩(제136호)도 21세 이상의 여성으로 이미 전문적으로 매춘을 하고 있는 자만 '위안부'로 모집해도 좋다고 명령하고 있다. 더불어 이것은 여성의 가족이나 친족에게 허락을 받을 것을 요구하고 있다.

'위안부' 수가 20만 명(미국 언론에서 빈번하게 인용)에 이른다고 주장하고 있는 역사학자는 반대로 통첩은 육군이 적극적으로 관여한 증거라고 믿고 있다.

* 광고 영문 번역은 필자.

강제는 없었는가?

'역사사실위원회'는 일본 정부와 군의 공문서에 한정해서 주장을 전개하고 있습니다. 아시아역사자료센터가 촬영해서 인터넷에 공개하고 있는 문서가 공문서이기 때문입니다(동 센터가 자료를 소장하고 있다는 것은 사실과 다릅니다). 그러나 일본 정부와 군의 공문서가 발견되지 않았다고 해서 강제가 없었다고 하는 것은 설득력이 없습니다. 왜냐하면 강제가 있었다고 해도 강제하라던가, 강제했다고 군과 정부가 공문서에 기재할 가능성은 거의 없기 때문입니다. 자신에게 불리한 사실과 범죄행위를 일부러 공문서에 남겨두겠습니까? 이것은 좋은 예는 아닐지 모르지만, 유괴 용의자를 잡아 놓고도 범행을 명시하는 문서나 기록을 본인이 기록해 두거나 남겨놓지 않았다면 무죄라고 판단해야 한다는 것과 마찬가지가 아니겠습니까?

또 왜 여성들의 증언과, 강제가 있었다는 것을 보여주는 일본 군인의 증언은 무시하는 것일까요? 그뿐만이 아닙니다. 강제를 증명하는 자료와 증언은 시야를 넓히면 많이 있습니다. 대표적인 것을 몇 가지 말씀드리겠습니다.

여성들(생존자)의 증언과
그에 따른 사실 인정

먼저 군위안소에서 살아 돌아온 여성들의 증언입니다. 증언은 매우 많습니다. 여기서는 필리핀과 중국의 사례를 들어 보겠습니다.

필리핀에서 자기가 피해자임을 밝히고 나선 여성들 가운데 압도적으로 다수를 차지하는 것은 군에 의한 약취(감금·강간)입니다. 대표적인 사례는 마리아 로사 루나 헨슨 씨의 증언으로, 오사카대학의 후지메 유키藤目ゆき 준교수가 세심하게 인터뷰 조사를 하여 『어느 일본군 「위안부」의 회상ある日本軍「慰安婦」の回想(岩波書店, 1995年)』이라는 책으로 출판했습니다. 이 책을 보면 헨슨 씨는 도로를 걷다가 일본군에게 약취당해 일정 기간 감

금·강간을 당했습니다. 필리핀에서는 이러한 사례가 매우 많습니다.

중국은 산시성山西省 위현盂縣의 사례로, 재판을 했는데 구체적인 내용은 이시다 요네코石田米子 오카야마대학 명예교수와 우치다 도모유키內田知行 다이토분카대학 교수가 편집한 『황토촌의 성폭력黃土の村の性暴力(創土社, 2004年)』에 실려 있습니다. 현지에 있던 일본군 부대가 그 지역의 주민을 연행해 일정 기간 감금·강간한 사건입니다. 피해자 여성의 증언뿐 아니라 현지 주민의 증언도 다수 수집하여 피해실태를 심층적으로 해명하는 데 성공했습니다.

산시성 사례의 피해자는 일본에서 세 건의 소송을 제기했습니다. 청구는 기각되었지만, 모든 법원이 사실은 인정했습니다. 그 개요는 다음과 같습니다.

첫 번째는 중국인 '위안부' 손해배상 청구사건 제1차 소송의 도쿄고등법원 판결(2004년 12월 15일)입니다. 도쿄고법은 중국 산시성의 리슈메이李秀梅 씨 등 네 명의 여성이 일본군 부대에 연행당하여 감금·강간당했다는 것을 다음과 같이 명확하게 인정합니다.

팔로군이 1940년 8월에 실시한 대규모 반격작전으로 일본군

북지나방면군은 커다란 손해를 입었다. 그러자 북지나방면군은 그 해부터 1942년에 걸쳐 철저한 소토討, 파괴, 봉쇄작전을 실시하였다(이른바 삼광작전). 이 과정에서 중국인에 대한 일본군 구성원에 의한 잔학행위가 벌어지기도 했다. 또한 일본군 구성원이 주둔지 근처에 사는 중국인 여성(소녀를 포함)을 강제로 납치·연행하여 강간하고, 감금시킨 채 연일 강간을 반복하는 행위, 이른바 위안부 상태에 놓이게 한 사건이 있었다.

두 번째는 제2차 소송의 도쿄지방법원 판결(2002년 3월 29일)·도쿄고등법원 판결(2005년 3월 18일)입니다. 도쿄지법은 1942년 일본병과 청향대淸鄕隊(일본군에 협력한 중국인 무장조직)가 마을을 습격하여 산시성의 원고 궈시추이郭喜翠 씨와 후챠오리엔侯巧蓮 씨를 폭력적으로 납치하여 감금·윤간했다는 (곽씨는 그 후에도 2회 납치·윤간 당했다) 사실을 인정합니다. 또한 도쿄고법도 이 결정을 따랐습니다. 2007년 4월 27일 대법원은 상고를 기각했지만, 일본병과 청향대에 의한 폭력적인 납치와 감금·윤간 사실은 인정했습니다.

세 번째는 산시성 성폭력 피해배상 등 청구사건의 도쿄지방법원 판결(2003년 4월 24일)과 도쿄고등법원 판결(2005년 3월 31일)입니다. 도쿄지법은 산시성의 완아이화萬愛花 씨 등 10

명의 여성이 1940년 말부터 1944년 초에 걸쳐 당한 성폭력 피해 상황을 거의 원고의 주장대로 인정했습니다. 또한 도쿄 고법도 이 결정을 따랐습니다.

그리고 하이난섬海南島 전시 성폭력 피해자 배상 청구사건의 도쿄고등법원 판결(2009년 3월 26일)도 8명의 여성이 일본군에게 감금·강간당한 사건에 대해 "군이 폭력으로 위압하거나 협박하여 자기의 성욕을 만족시키기 위해 철저하게 능욕했다"고 인정하고 있습니다.

일본 군인에 의한 증언·기록

군인의 기록은 어떨까요? 먼저 나가사와 겐이치長澤健一 군의軍醫 대위가 전쟁이 끝난 후에 남긴 기록을 보도록 하겠습니다.[1] 기록을 보면 '초점初店'이라는 내용이 있습니다. 한커우漢口의 '센쇼칸戰捷館'이라는 위안소에 있었던 일본 본토에서 끌려온 여성의 이야기입니다. 센쇼칸에 끌려온 여성이 군'위안부'가 되는 것에 격렬하게 저항하고 있던 상황에서 나가사와 군의와 직면했는데, 그녀는 성병검사를 받고 싶지 않다고 저항하면서 다음과 같이 말했다고 기록되어 있습니다.

나는 위안소라는 데서 군인들을 위로하는 거라고 듣고 왔는데, 이런 데서 이런 일을 할 줄은 몰랐다. 돌아가고 싶다. 돌려보내 줘……

즉 위안소에서 일한다는 것은 들었지만, 위안소가 무엇을 하는 곳인지는 듣지 못했다는 것입니다. 이 여성은 아마 가난한 부모가 판 것 같다고 기록하고 있습니다. 그리고 계약서에는 일반적으로 다음과 같이 기록되었다고 나가사와는 말하고 있습니다.

맨 처음에 차용증문借用證文, 다음 줄에 1, 몇 천 엔, 이어서 오른편 금액을 차용함. 오른편 금액은 작부가업酌婦稼業에 의해 지불할 것이라고 기록하고, 연월일, 보호자 성명과 해당자의 성명, 각각의 날인으로 되어 있다.

즉, 그는 깨닫지 못하고 있었지만 그녀는 매우 위법적인 계약서에 얽매여 끌려왔다는 것을 알 수 있습니다. 왜냐하면 당시에도 빌린 돈을 매춘으로 갚겠다는 계약은 공공질서와 미풍양속에 반하는 것으로, 민법 제90조에 의해 무효로 취급되었기 때문입니다. 나가사와의 기록을 통해 이 여성은 유괴와 인신매매에 의해 끌려왔다는 것을 알 수 있습니다.

　이어서 나가사와 군의는 다음과 같이 말합니다.

　비난받아 마땅한 자는 돈으로 여자를 사는 남자들인가, 여자의 몸을 파는 업자인가, 딸을 돈으로 바꾸는 부모인가, 부모를 그렇게까지 만든 사회인가, 당시의 나에게는 그 모두가 비도덕적인 것으로 여겨졌다.

　이 여성은 속아서 끌려온 뒤 임금을 담보로 받은 선금에 얽매여 저항할 수 없는 상황에 내몰리고, 결국은 군'위안부'가 되고 맙니다.

　여기에서 알 수 있는 것은 현지의 군(그리고 그 일원인 나가사와 군의)에게 '군의 책임'이라는 발상은 전혀 없다는 점입니다. 국외이송을 위한 인신매매와 유괴는 범죄입니다. 따라서 계약서를 파기하고 여성에게 자유를 부여하여 일본으로 돌려보내야 했습니다. 그러나 군은 이러한 점을 전혀 인식하지 못했던 것입니다. 이것은 뒤에서 말씀드리겠지만, 군'위안부' 제도가 보다 교묘한 공창公娼제도와는 달리 노골적인 성노예 제도였음에도 불구하고 최대 책임자이자 수혜자인 군이 이것을 전혀 인식하지 못하고 있었다는 것을 보여줍니다.

이번에는 한커우漢口 병참사령부 부관으로 군위안소 계장이었던 야마다 세이키치山田清吉 대위(착임 당시 소위)가 당시의 노트 등을 근거로 전쟁이 끝난 후에 쓴 기록을 살펴보도록 하겠습니다. 야마다 대위는 일본 내지에서 온 군'위안부'는 대체로 창기·예기·여급(이 경우는 매춘 경험이 있는 여급) 등의 전력이 있는 20세부터 27, 28세의 여성이 많았지만, 조선에서 온 여성은 "(매춘) 전력도 없고 연령도 18, 19세의 젊은 기녀가 많았다"고 기록하고 있습니다.[2] 매춘 전력이 없는 여성과 21세 미만의 여성은 일본 내지로부터의 도항은 금지되어 있었습니다(57쪽 참조). 하지만 식민지에서는 이러한 여성들이 다수 끌려왔던 것입니다.

또 다른 중국의 사례입니다. 독립산포병 제2연대 제2대대의 어느 군의軍醫는 1940년 8월 중국 후베이성湖北省 둥시董市 근교의 마을에서 중국인 여성을 군'위안부'로 만들기 위해 성병검사를 합니다. 그는 당시 경험을 다음과 같이 일기에 기록했습니다(1940년 8월 11일).

국부를 내진하면 점점 더 부끄러워져 좀처럼 바지를 벗으려 하지 않는다. 통역과 (치안)유지회장이 호통을 쳐 겨우 벗긴다. 침대에 반듯이 뉘여 놓고 촉진을 하면 정신없이 (내) 손을 할퀸다.

쳐다보면 울고 있다. 방을 나가서도 한참 동안 울고 있었다고 한다.

그 다음 여자도 마찬가지다. 나도 울고 싶을 정도다. 다들 이런 부끄러운 일은 처음 겪는 체험일 것이다. 여하튼 목적이 목적인지라 굴욕감을 느끼는 것은 당연한 일일 것이다. 보장保長과 유지회장들이 마을의 치안을 위한 것이라고 간절하게 설득한 결과 어쩔 수 없이 울면서 온 것 같다.

그중에는 돈을 모을 수 있다고 해서 응모한 사람도 있을지 모르지만, 전쟁에 진다는 것은 비참한 것이다. 검진하고 있는 내 자신도 즐거워서 하는 건 아니다. 이러한 일은 나에게 맞지 않는다. 인간성을 유린하고 있다는 의식이 머리를 떠나지 않는다.[3]

이 군의는 인간적인 감성의 소유자였다고 생각합니다. 그의 일기는 여성들이 강제적이거나 적어도 반강제적으로 군위안소에 들어오게 되었다는 사실, 그것이 인간성을 유린하는 문제라는 것을 당시에도 느낄 수 있었다는 것을 알려줍니다.

네덜란드령 동인도인 인도네시아의 사례도 보도록 하겠습니다. 1945년 3월 이후 암본섬에서 해군 제25특별근거지대가 그 지역의 여성들에게 한 짓을 이 부대의 주계장교였던 사카베 야스마사坂部康正 씨는 전쟁이 끝난 후 다음과 같이 기억

합니다.

M참모는 …… 암본에 동서남북 네 개의 클럽(위안소)을 설치하고 약 100여 명의 위안부를 현지에서 조달하는 방안을 제시했다. 그 방안이란 말레이시아어로 "일본군 장교와 부정한 관계를 맺는 자는 엄벌에 처한다"는 포고를 각 마을에 붙이고 해서 밀고를 장려하고, 그 정보에 의해 현지 주민인 경관을 활용, 일본 장교와 관계를 맺고 있는 자를 색출하여 정해진 건물에 수용한다는 것이다. 그녀들 중 병에 걸리지 않은 미인을 위안부로 각 클럽에서 일하게 한다는 계획으로, 우리들처럼 현지 주민 부녀자와 정을 나누고 있던 자에게는 대공황이었기 때문에 이 위안부 사냥 동안에 밤에 나가는 것은 불가능했다.
일본 병사와 연인이 되는 것은 그들도 좋아하지만, 아무리 돈과 물건을 받을 수 있다고 해도 강제로 수용된 곳에서 불특정 다수의 병사들을 상대해야 하는 것이 좋을 리가 없다. 클럽에서 울부짖는 젊은 인도네시아 여성의 소리를 나도 몇 번이나 듣고 마음이 어두워졌었다.[4]

암본섬에서 군과 관헌에 의한 강제연행·강제사역이 있었다는 것은 명백합니다.

외국 공문서의 강제 기술

외국 공문서에도 강제에 관한 기록이 남아 있습니다.

첫째, 미국군의 자료입니다. 미국 전시정보국 심리작전반이 작성한, 지금은 유명한 「일본인 포로 심문 보고」 제49호 (1944년 10월 1일)입니다. 여기에는 유괴와 인신매매에 의해 조선인 여성이 버마(미얀마)에서 끌려왔다고 기록되어 있습니다.

1942년 5월 초순, 일본군이 새로 정복한 동남아시아 여러 지역에서 '위안 역무'에 종사할 조선인 여성들을 징집하기 위해 일본의 알선업자들이 조선에 도착했다. 이 '역무'의 성격은 명시되지 않았지만, 조선인들은 병원에 있는 부상병 위문이나 붕대를 감는 일, 일반적으로 말하자면 장병들을 기쁘게 하는 것과 관련된 일이라고 여겼다. 이들 알선업자들은 조선인 여성들을 꾀기 위해 많은 금전과 가족의 부채를 갚을 수 있다는 좋은 기회, 거기에 일이 편하다는 것과 신천지(싱가폴)에서의 새로운 생활이라는 장래성을 내세웠다. 이러한 거짓 설명을 믿고 많은 여성이 해외 근무에 응모하여 200~300엔의 선금을 받았다.[5]

유괴란 감언으로 상대방의 판단을 흐리게 하거나 속여서 구속하는 것이라 할 수 있는데, 이 경우는 '국외이송 목적 유괴죄'에 해당됩니다. 또한 200~300엔의 선금을 지급한 것을 볼 때 '인신매매죄'에도 해당됩니다. 이 형법은 일본 내지뿐만 아니라 조선과 대만에서도 시행되었습니다. 이 보고서는 약 700명의 조선인 여성이 속아서 응모했고 6개월에서 1년 동안 군의 규칙과 업자를 위한 역무에 구속당했으며, 기간만료 후에도 계약이 갱신되었다고 기록하고 있습니다. 군을 주主로 하고 업자를 종從으로 하는 범죄였던 것입니다. 이것은 명백한 강제입니다.

둘째, 1946년부터 도쿄에서 열렸던 극동국제군사재판(도쿄재판)의 증거자료와 판결입니다.[6] 증거자료 가운데 하나를 소개하겠습니다. 인도네시아 모아섬의 지휘관이었던 일본 육군 중위는 주민이 헌병대를 습격했다고 하여 주민을 처형하고, 그 딸 5명을 강제로 '창가娼家'에 집어넣었다는 것을 인정했습니다. 이러한 증거는 몇 가지 더 있습니다.

판결은 중국의 사례에 대해 다음과 같이 언급하고 있습니다.

꾸이린桂林을 점령하고 있는 동안 일본군은 강간과 약탈같은 온

갖 종류의 잔학행위를 저질렀다. 공장을 설립한다는 구실로 그들은 여공을 모집했다. 이렇게 해서 모집된 부녀자에게 일본 군대를 위한 추잡한 일을 강제했다.

이것은 유괴에 의한 매춘의 강제라 할 수 있습니다.

셋째, 1994년 네덜란드 정부가 조사·공표한 문서입니다. 그 가운데 하나의 사례를 인용해 보겠습니다. 보고서에는 다음과 같이 기술되어 있습니다.

침략이 한창일 때와 점령 초기에는 일본 군인에 의한 강간사건이 타라칸, 마나도, 반둥, 파당, 플로레스 등지에서 다발적으로 발생했다. 일본군이 범인을 엄하게 징계 처분한 경우도 있었다. 자바섬 스마랑 근처 블로라에서 발생한 강간사건은 20여 명의 유럽인 여성을 집 두 채에 감금한 악질적인 것이었다. 거기에서 3주 동안, 그 중에는 어머니와 딸을 포함해 적어도 15명의 여성들이 여러 연대가 지나갈 때마다 일본 군인에 의해 하루에 수차례씩 강간을 당했다.[7]

이것은 중국 산시성 등과 필리핀의 사례와 매우 비슷합니다. 현실적으로 이러한 일들이 벌어졌던 것입니다. 인도네시아에서 발생한 다른 사건에 대해서는 '세 번째 사실 검증'에서 말씀드리겠습니다. 이렇듯 군이 직접 자행한 감금·강간만을 살펴봐도 그 사례는 많습니다.

육군과 내무성은 엄중하게 단속했는가?

'역사사실위원회'는 '육군 통첩 제2197호'라고 소개하고 있습니다만 이것은 오류입니다. 정확하게는 육군성 부관 통첩 '군위안소 종업부 등 모집에 관한 건'(陸支密 제745호, 1938년 3월 4일)입니다(제2197호라는 것은 문서번호가 아니라 육군성 기록계가 문서를 접수한 번호입니다). 이 문서를 업자가 유괴하는 것을 단속하려고 한 것이라 할 수 있을까요? 자료의 표제表題조차도 잘못 알고 있듯이 이해도 한 부분에 치우칩니다.

이 통첩은 중국에 파견된 육군 부대가 업자를 이용해 '위안부' 모집을 시작했을 당시, 일본 내지에서 유괴범으로 간주된 업자가 경찰에 체포되는 등의 문제가 발생했기 때문에 그것을 방지하기 위해 북지나支那방면군과 중지나支那방면군에게 지시한 것입니다. 지시사항은 군의 체면을 지키기 위해 '위안부' 모집 시에는 파견군이 통제하고 업자의 선정을 주도하여 적절하게 처리할 것, 실시는 관련 지방의 헌병·경찰과 긴밀하게 연계할 것, 이 두 가지뿐입니다. 위반했을 경우 엄벌에 처하라는 내용은 그 어디에도 없습니다.

또한 이 통첩에는 또 다른 중요한 측면이 있습니다. 그것은 현지 부대가 실시한 군'위안부' 징모를 육군성이 공식적으로 승인했다는 것입니다.

이 지시가 어떻게 실시되었는지에 대해서는 두 가지 가능성이 있습니다. 하나는 일본 내지에서 문제가 발생했기 때문에 내지만큼은 헌병·경찰과 긴밀하게 연락했을 가능성입니다. 또 하나는 조선·대만에서도 연락을 긴밀하게 했을 가능성입니다. 어쨌든 그 후에도 조선·대만에서는 계속해서 유괴·인신매매 등의 방법으로 여성들을 모집했습니다. 이것은 무엇을 의미하는 것이겠습니까?

전자의 경우는 현지 부대가 업자를 이용하여 내지에서 군'위안부'를 모집하고 있다고 하는, 내지內地(주 : 일본 본국)의 사람들에게 알리고 싶지 않은 사실이 표면화되지 않도록 군과 경찰이 긴밀하게 연락을 했다는 것을 말합니다. 또한 내지에서는 위법행위가 발생하지 않도록 통제했지만, 식민지에서는 그러한 조치를 취하지 않았습니다.

후자의 경우는 식민지에서도 헌병과 경찰이 연계해서 통제했겠지만, 여전히 유괴·인신매매 등의 방법으로 군'위안부'를 모집했다는 것을 의미합니다. 결국 식민지에서는 군이나 경찰이 선정한 업자의 경우에는 위법적인 수단으로 군'위안부'를 모집하는 것이 가능했던 것입니다.

식민지에서도
국제법 규정은 지켜졌는가?

내무성 통첩 제77호(1938년 2월 18일)라는 것도 부정확한 인용입니다. 이것은 정확하게는 '내무성 경보국장 통첩안(警保局警發乙 제77호)'으로 실제로는 내무성 경보국장 통첩 '지나 도항 부녀의 취급에 관한 건'(內務省發警 제5호)이며, 2월 23일에 내려진 것입니다. 그 내용은 '위안부' 모집은 국제법에 따르도록 지시하고 있습니다. 이것을 여성의 노예화와 유괴를 금지한 것이라고 할 수 있을까요?

이 통첩은 '위안부' 모집은 부녀 매매에 관한 국제조약, 즉 '추업을 위한 부녀 매매 금지에 관한 국제조약'과 '부인 및 아동의 매매 금지에 관한 국제조약'이라는 취지에 위배될 우려가 있으니, 이것에 저촉되지 않도록 지시합니다. 또한 도항渡航시키는 경우에는 만 21세 이상으로 '창기 기타 사실상 추업'을 하는 자에 한해서, 또한 화북華北·화중華中으로 가는 자에 한해서 묵인하도록 했습니다. 도항渡航을 위한 신분증명서를 발급할 경우에도 직업 계약 등을 조사하고 '부녀매춘'과 '약취 유괴' 등의 사실이 없도록 특별히 유의할 것을 지시합니다. 또 군의 양해와 연락이 있었다고 공공연하게 말하는 업자는 엄중하게 단속할 것, 이라고 되어 있습니다.

이것은 군의 강력한 요구 때문에 군 '위안부'의 도항渡航은 어쩔 수 없이 인정하나, 군이 이러한 것을 하고 있다는 사실은 숨기라는 것입니다. 주역인 군이 드러나지 않도록 한 것입니다. 또한 만 21세 이상의 '추업부醜業婦'가 '위안부'가 되는 것을 묵인하고 있다는 점에서 '인신매매죄'에서 빠져나갈 구멍을 만들었다는 중대한 문제가 있습니다.

만약 이 지시가 확실하게 지켜졌다면 일본 내지에서 강제로 보내졌던 여성은 이미 유곽遊廓 등에 인신매매된 여성을 제외하면 거의 없었을 것입니다(실제로는 확실하게 지켜지지 않았습니다).

그렇다면 이 같은 통첩이 조선·대만에도 적용되었을까요? 그러나 이 정책은 일본 내지에 한정된 것으로, 조선·대만에서는 적용되지 않았습니다. 일본 정부는 부녀 매매에 관한 국제조약을 조선·대만 등의 식민지에는 적용하지 않는다는 방침을 취하고 있었기 때문에 그곳에서는 (통첩을) 적용할 필요가 없다고 판단했던 것입니다.

따라서 조선·대만에서는 유괴·인신매매 등으로 모은 21세 미만의 많은 여성들이 군'위안부'로서 전지·점령지로 보내졌습니다. 외무성 소장 공문서를 보면 대만에서는 14세 소녀가 군'위안부'로 광둥성廣東省에 연행된 것을 알 수 있습니다. 그러나 '역사사실위원회'는 이러한 중대한 문제를 깨닫지 못하고 있습니다.

셋째, '역사사실위원회'는 내무성 통첩(제136호)을 내세우며 '위안부'를 도항시키는 경우 21세 이상에 '전문적으로 매춘을 하고 있는 자'로 제한했었다고 주장합니다. 이것도 정확하게는 내무성 경보국장 통첩 '남지나 방면 도항 부녀의 취급에 관한 건'(警保局警發甲 제136호, 1938년 11월 8일)입니다. 이 지시의 내용은 2월 23일자 내무성 경보국장 통첩 '지나 도항 부녀의 취급에 관한 건'의 내용과 똑같기 때문에 반복해서 설명하지는 않겠습니다.

또한 '위안부' 모집 시 가족이나 친족의 허락이 필요했다고 주장하고 있습니다만 인신매매는 본인의 의지를 무시하고 가족이나 친족에게 선금을 주고 허락을 받는 방법으로 광범위하게 이루어졌습니다. 가족이나 친족의 허락이 인신매매를 막는 수단이었다고 하는 것은 너무나도 낙관적인 생각이라고 할 수 있습니다.

역사사실위원회가 주장하는
두 번째 '사실'

사실 2 게다가 이러한 지시가 충실하게 실행된 것을 보여주는 많은 신문기사가 있다.

조선에서 발행된 『동아일보』 1939년 8월 31일자는 여성의 의지에 반하여 '위안부'가 될 것을 강제한 업자가 당시 일본의 지배하에 있던 현지 경찰에 의해 처벌받을 것이라고 보도하고 있다. 이것은 여성에 대한 비인도적인 범죄를 일본 정부가 엄중하게 단속했다는 것을 보여주는 증거이다.

조선총독부는
업자에 의한 유괴를
단속했는가?

'역사사실위원회'는 이 신문 기사를 한글 원문과 영어 번역본을 첨부하여 게재하고 있습니다. 부산 경찰이 여성을 국외로 유괴한 업자를 체포했다는 것입니다. 이러한 기사는 이 외에도 더 있습니다. 앞에서 살펴본 것처럼 여성의 유괴와 인신매매에 의한 국외이송은 형법을 위반하는 범죄였기 때문에 경찰이 단속하는 것은 당연합니다. 그러나 문제는 이것이 군이 업자를 이용해서 모집한 군'위안부'에 관한 것이냐라는 점입니다. 기사의 전문은 다음과 같습니다.

惡德紹介業者가 跋扈 農村婦女子를 誘拐 被害女性이 百名을 突破한다 釜山刑事 奉天에 急行

[釜山] 만주 여랑자군 대거 진출하여 그 시세가 무척 높아진다

고 조선 내지 농촌에서 살길이 어려운 부여자를 도회지에서 잠
동하는 소위 소개업자가 한없이 발호하야 최근 부산 내에서도
악덕소개업자 四五명이 결탁하야 순진한 부여자를 감언이설로
유혹하야 만주 방면에 매집한 수가 百명을 초과한다고 부산서
사법계(원문 그대로)에서 엄중취조를 하던 중 동 사건에 관게(원문 그
대로)자인 봉천 모소개업자를 체포하고저 지난 廿八일 밤에 유
(유)경부보 이하 형사 六명이 봉천으로 급행하였다고 하는데 동
범인을 체포하고 나면 악마 같은 그들의 활동 경위가 완전하게
폭로될 것이라고 한다.

악덕 소개업자 발호 / 농촌 부녀자를 유괴 / 피해 여성이 100명을
돌파 / 부산에서 형사를 봉천奉天으로 급히 파견
[부산] 만주에 여낭자군이 대거 진출하여 그 시세가 무척 좋아
진다며, 조선 내지 농촌의 살기 어려운 부녀자를 (노리고), 도시
에 숨어서 활동하는 소위 소개업자가 끊임없이 발호하고 있다.
최근 부산부 내에서도 악덕 소개업자 45명이 결탁하여 순진한
부녀자를 감언이설로 유혹하여 만주 방면으로 팔아넘긴 숫자가
100명을 초과한다고 한다. 부산 경찰서 사법계가 엄중하게 조
사를 하던 중에, 동 사건 관계자인 봉천 모 소개업자를 체포하
기 위해 지난 28일 밤에 유 경부보를 비롯해 형사 6명을 봉천으

로 급히 파견했다고 한다. 동 범인을 체포하고 나면 악마 같은 그들의 활동 경위가 완전하게 폭로될 것이라고 한다.(원문을 현대문으로 번역한 것임)

보시다시피 '여낭자군'이라고 되어 있을 뿐 어디에도 군'위안부'라고는 쓰여 있지 않습니다. '여낭자군'(낭자군에 상당)이 군'위안부'를 가리키는 경우도 있기는 하나 군과 관계없는 민간 '매춘부'를 가리키는 경우도 많이 있습니다. 이것을 군'위안부'라고 단정하는 것은 잘못입니다. 또한 광고 영문 번역은 "악덕업자들이 (일본군 병사들이 떼를 지어 매춘업소를 찾는다고 말하는) 만주에서 많은 보수를 약속, 가난한 가정의 여성들을 유괴하려고 공모했다. 그러한 45명의 업자가"라고 되어 있습니다. 매우 심한 오역입니다만 이 영문 번역에도 '위안부'라는 단어는 없습니다. 이 기사가 보여주는 것은 형법상 '국외이송 목적 유괴죄'에 해당하는 범죄를 경찰이 단속했다는 것입니다.

그렇다면 그럼에도 불구하고 약취·유괴와 인신매매에 의해 조선에서 국외로 이송된 군'위안부'가 다수 발생한 것은 어떻게 설명할 수 있을까요? 이는 군이나 경찰이 선정한 업자가 모집하는 경우는 묵인했으나, 그 외의 일반 업자가 모집하는 경우는 적발했다고 볼 수 있습니다.

사실 3 그렇지만 명백하게 규율을 위반한 사례도 있었다. 예를 들면 네덜란드령 동인도(현 인도네시아) 스마랑섬에서는 어느 육군 부대가 젊은 네덜란드 여성 그룹을 강제로 끌어내 '위안소'에서 일을 시켰다. 그렇지만 이 위안소는 사건이 밝혀지고 나서 육군 명령으로 폐쇄되었고, 관련 장교들은 처벌을 받았다. 여기에 관여했던 자와 기타 전쟁범죄자는 그 후 네덜란드 법정에서 재판을 받고 처형을 포함한 무거운 처벌을 받았다.

군에 의한 **강제**는 **예외적**이었는가?

스마랑 위안소사건은 널리 알려졌기 때문에 '역사사실위원회'
도 이를 부정하는 것은 불가능했을 겁니다. 그들은 이 사건에
대해서는 강제가 있었다는 것을 인정합니다. 그러나 이 짧은
문장 가운데 복수의 오류가 있다는 점을 지적하고자 합니다.

먼저 스마랑이라는 섬은 없습니다. 스마랑은 도시 이름입
니다. 다음으로 책임자였던 장교는 처벌을 받았다(후에 네덜
란드에 의해서도 처벌받았다)고 언급하고 있습니다. 이 주장의
처음 부분은 일본군이 책임자를 처벌했다는 것으로 이해할
수 있습니다. 그러나 실은 일본군은 처벌하지 않습니다. 적어
도 엄벌에는 처하지 않습니다. 반대로 책임자는 그 후 출세를
합니다. 예를 들면 남방군 간부후보생 대대장이었던 노자키
세이지能崎淸次 소장은 1944년 여단장이 되고, 1945년 3월에

는 중장으로 승진한 후 4월 제152사단장으로 출세합니다.

이 사건은 1944년 2월, 스마랑 근교에 있던 세 곳의 네덜란드인 억류소에서는 적어도 24명의 여성들이 스마랑으로 연행되어 매춘을 강요당했다고 하는 것입니다. 당시 일본군은 인도네시아에 있던 네덜란드인을 억류소에 억류했습니다. 그 후 두 명이 도망쳤으나 경관에게 잡혀 억류소로 되돌려 보내졌는데, 한 명은 정신병원에 입원하고 한 명은 자살을 기도할 정도였습니다. 다른 한 명은 임신하고 중절수술을 받게 합니다.

그런데 스마랑사건과 같은 사례가 예외적인 사건이 아니었다는 것은 1994년 네덜란드 정부 보고서에도 분명하게 드러나 있습니다. 일본군이 인도네시아를 점령했던 초기에 발생한 블로라에서의 약취(감금·강간) 사례는 이미 말씀 드렸습니다. 이 사건과 스마랑사건 이외에도 보고서는 일곱 건의 사례를 들고 있는데, 간단하게 정리하면 다음과 같습니다.[8]

첫째, 마겔랑 사례입니다. 1944년 1월 문틸란 억류소에서 일본군과 경찰이 여성들을 선별했는데, 이에 반대하는 억류소 주민들의 폭동을 억압하고 연행했습니다. 그중 일부는 돌려보냈지만, 대신에 '지원자'가 보내졌습니다. 돌아가지 못한

나머지 13명의 여성은 마겔랑으로 연행되어 매춘을 강요당했다고 기록되어 있습니다.

둘째, 1944년 4월, 헌병과 경찰이 스마랑에서 수백 명의 여성을 검속하고, 스마랑클럽(군 위안소)에서 선정한 20명의 여성을 수라바야로 이송한 사례입니다. 그중 17명이 플로레스섬의 군위안소로 이송되어 매춘을 강요당했다고 기록되어 있습니다.

셋째, 1943년 8월 시투본도에서 일본인 헌병 장교와 경찰이 네 명의 유럽인 여성에게 출두를 명령한 사례입니다. 여성들은 빠시르 뿌띠의 호텔에 끌려가 강간을 당했는데, 그중 두 명은 자살을 기도했다고 기록되어 있습니다.

넷째, 1943년 10월에 헌병 장교가 세 번째 사례로 든 네 명의 여성 중 두 명의 소녀와 다른 두 명의 여성을 본도워소 호텔에 감금한 사례입니다. 이 외에 여덟 명이 더 연행되었는데, 그중 적어도 네 명이 자신의 의지와 상관없이 구속된 것 같다고 기록되어 있습니다.

다섯째, 말랑의 사례입니다. 어느 여성의 증언에 의하면 말랑에서 일본인 헌병이 세 명의 유럽인 여성을 감금하고 매춘을 강요했다고 기록되어 있습니다.

여섯째, 미수사건입니다. 1943년 12월 자바섬의 솔로 억류소에서 일본군이 여성들을 연행하려고 했지만, 억류소 지도자들에 의해 저지당했다고 기록되어 있습니다.

일곱째, 파당의 사례입니다. 1943년 10월경부터 일본군은 파당의 억류소에서 25명의 여성을 포트데코크로 연행하려 했으나 억류소 지도자들이 단호하게 거부했다고 합니다. 그러나 11명이 억류소보다 더 괜찮다고 생각해서 '설득'에 넘어 갔다고 기록되어 있습니다.

마지막 사례는 식료품의 극단적인 부족 등 억류소의 열악하고 절망적인 환경을 고려하면 '자유 의지'에 의한 것이었다고 단언하기는 어렵습니다.

이상은 네덜란드 정부가 자신들이 갖고 있던 자료에 근거해서 적어도 이러한 사례가 있었다고 공개한 것입니다. 백인의 피해를 중심으로 기술하고 있고 강제의 범위를 매우 좁게 보고 있습니다만, 그럼에도 불구하고 일본군이 직접 수행한 약취로 한정을 해도 이만큼의 사례가 제시되고 있는 것입니다. 앞에서 말씀드린 중국과 필리핀의 사례도 있습니다. 스마랑사건이 예외적인 경우였다고는 할 수 없습니다.

사실 4 마이크 혼다 의원 등에 의해 제출된 일본군의 '위안부' 학대에 대한 하원
결의 제121호와 그 밖의 고발은 대부분 '위안부' 생존자의 증언에 근거를 두고 있
다. 그녀들의 최초 진술에는 육군이나 일본 정부 기관에 의해 강제적으로 사역했
다는 언급은 없다.

그러나 반일 캠페인 개시 후 그녀들의 증언은 극적으로 바뀐다. 하원 공청회에
서 증언한 사람들은 처음에는 업자에게 연행당했다고 증언했지만, 나중에는 유괴
한 자가 '경찰 제복과 같은' 옷을 입고 있었다고 주장하고 있다.

군'위안부' 생존자의 증언은 신뢰할 수 없는가?

군'위안부' 생존자의 최초 증언에서는 일본 육군이나 다른 정부기관에 의해 강제로 사역 당했다는 언급이 없었다고 '역사사실위원회'는 주장합니다. 과연 사실일까요? '역사사실위원회'의 주장과는 달리 군'위안부' 생존자들은 거의 대부분 강제적으로 군위안소에서 사역 당했다고 증언하고 있습니다.

미국 하원에서 증언한 사람들이 처음에는 업자에 의해 연행되었다고 말했는데, 나중에는 유괴한 자가 '경찰 제복과 같은' 옷을 입었다는 식으로 증언을 바꾸었다는 이들의 주장은 사실일까요?

'경찰 제복과 같은' 옷을 입고 있었다고 미국 하원 공청회에서 증언한 '위안부' 생존자는 없습니다. 1993년에 나온 증언 자료집에서 이용수 씨는 "'국민복에 전투모를 쓰고' 있던 중

년의 남자가 내민 빨간 원피스와 구두를 보고 따라 가려고 했으나, 나중에 무서워져서 돌아가겠다고 했다. 그러나 허락해 주지 않았다"고 증언했습니다.[9]

당시는 1944년 가을로 그녀는 만 16세였습니다. 이는 유괴의 사례에 해당됩니다. 2007년 하원 증언에서도 이용수 씨는 끌고 간 남자는 '전투모에 국민복과 같은 것'을 입고 있었다고 증언합니다. 증언은 바뀌지 않았습니다. 국민복이라는 것은 1940년 육군 주도로 만들어진 군복과 비슷한 남자의 표준 복장으로, 군인이 아닌 사람들이 입었습니다. 증언에 따르면 이 남자는 군인도 경관도 아닌 업자라고 해석할 수밖에 없습니다. 증언의 어디가 변했다는 것일까요?

또 다른 증언자 김군자 씨는 하원에서 '군복을 입고 있던 한국인 남자'와 만나, 이 남자에게 '이 일은 돈이 된다'는 말을 듣고 따라갔다고 증언하고 있습니다. 1942년 3월의 일로 당시 16세였다고 합니다. 1942년이면 일본 군인이던 한국인은 매우 적었던 시기입니다. 게다가 브로커와 같은 짓을 하는 군인이 있었다고는 생각하기 어렵습니다. 따라서 이것은 국민복을 입은 업자라고 생각할 수밖에 없습니다. 어디에 문제가 있다는 걸까요?

한국인 여성의 증언을 보면 유괴당한 것으로 보이는 피해자의 비율이 높습니다. 군위안소에서 여성들이 어떠한 상태에 놓여있었는지, 그것을 어떻게 받아들였는지는 생존자의 증언을 통해서만 밝힐 수 있습니다.[10] 그런 의미에서 각 증언에 대한 사료 비판은 필요하지만, 사료 비판을 거친 여성들의 증언은 매우 중요한 의미를 갖습니다.

사실 5 일본 육군에 배치된 '위안부'는 일반에 보고되어 있는 것과는 달리 '성노예'가 아니었다. 그녀들은 당시 국제사회 어디에나 존재하던 공창제도 하에서 일했다. 사실 여성들의 다수는 (미국 육군 인도·버마 전역군戰域軍에 배속된 미국 전시정보국 심리작전반 APO에 의해 보고된 바와 같이) 좌관佐官(역자 주 : 영관급)이나 장관將官(역자 주 : 장군급)이 받는 것보다 수입이 더 많았다. 그리고 그녀들의 대우가 좋았다는 사실을 증명하는 많은 증언이 있다.

이 여성들에 대한 폭력행위 때문에 처벌된 병사들의 기록이 있다. 병사의 민간인 강간을 방지하기 위해 많은 국가가 육군용 매춘업소를 설치했다. (예를 들면 1945년 일본 점령군은 미국 병사들에 의한 강간을 방지하기 위해 일본 정부에 위생적이고 안전한 '위안소'를 만들 것을 요구했다.)

[이하, 결론] 슬픈 일이지만, 제2차 세계대전 중 많은 여성들은 가혹한 고통을 경험했다. 우리들은 이 역사적 사실에 깊은 유감을 갖고 직시하고자 한다. 동시에 하원 결의안이 주장하는 '20세기 최대의 인신매매 사건의 하나'이며, '젊은 여성들에게 성노예제를 강제한 것'으로서 일본 육군은 유죄라는 주장은 매우 지나치며 의도적인 진실 왜곡이라는 것을 우리들은 지적하고자 한다. 결국 역사가歷史家 하타 이쿠히코秦郁彦가 학술논문에서 상세하게 기술하고 있듯이, 전시戰時에 약 2만 명의 '위안부' 중 5분의 2는 일본인 여성이었다. 무엇보다 먼저, 우리들은 미국의 시민들과 진실을 공유하고 싶다. 실제로 일어난 사건에 대한 비판은 겸허하게 받아들여야 한다. 그러나 사실무근의 중상모략과 명예훼손에 대한 사죄는 시민들에게 역사적 사실에 대한 잘못된 인식을 심어줄 뿐 아니라, 일·미 간의 우호에 부정적 영향을 가져올 것이다. 우리들은 올바른 역사인식을 공유하기 위해 사실을 객관적으로 볼 것을 요구한다.

여성들에 대한
대우는 좋았는가?

군'위안부'는 '성노예' 제도의
피해자가 아니다?

먼저 군'위안부'는 '성노예'가 아니라 공창제도 하에서 일한 것이라는 주장에 대해 살펴보도록 하겠습니다. '역사사실위원회'는 공창제도 하에 있던 여성들(창기 등)을 '성노예제도'의 피해자가 아니라고 생각하고 있는 듯합니다. 그러나 공창제도는 사실상의 성노예 제도로, 창기 등은 이 제도의 피해자입니다(군'위안부' 제도는 문자 그대로의 성노예제도였습니다).

왜냐하면 공창제도 하에 있던 여성 대부분은 본인의 의사는 무시된 채 인신매매에 의해 선금에 얽매여 유곽遊廓 업자에게 구속되어 있었기 때문입니다.

이러한 사실은 당시에도 지적되고 있었습니다. 예를 들면 1924년 1월 와세다대학 교수 아베 이소오安部磯雄 등이 제출한 「공창제도 폐지 청원서」를 보면 "공창제도는 사실상 전율스런 인신매매와 참담한 노예제도를 동반한 벗어날 수 없는 나쁜 제도"라고 주장하고 있습니다. 가나가와神奈川현 의회도 1930년 12월 결의에서 "공창제도는 인신매매와 자유구속이라는 2대 죄악을 내용으로 하는 사실상의 노예제도"라고 주장했습니다.

그렇다면 왜 '사실상의 노예제도'라고 하는 것일까요? 그것은 공창제도가 노예제도라는 것을 숨겨 국제사회의 비난을 피하려고 한 일본 정부가 '창기 단속 규칙'을 만들어 창기와 매춘하는 자가 대좌부貸座敷, 즉 성매매 시설을 빌려서 자유의지로 성매매를 하고 있는 것처럼 꾸몄기 때문입니다. '자유의지'로 보이게 하기 위해 창기는 싫으면 언제든지 폐업할 수 있는 '자유 폐업' 규정을 두었습니다. 이것은 일본 내지의 경우뿐입니다만.

그러나 이것은 단지 법률상의 규정에 지나지 않았습니다. 그런 규정이 있다는 것을 창기 자신은 모르고 있었고, 가령 알고 있었다고 해도 그것을 실행에 옮기는 것은 불가능했습니다. 왜냐하면 '자유 폐업'을 하려면 경찰에 신고를 해야 하는데, 업자 등의 방해로 신고하는 것 자체가 어려웠기 때문입니다.

만약 지원자의 도움을 받아 운 좋게 경찰에 신고해서 수리되었다고 해도, 이번에는 업자가 재판을 걸어 선금을 돌려달라고 요구합니다. 선금을 매춘으로 갚도록 하는 계약은 원래 민법 제90조의 공서양속公序良俗(주 : 공공의 질서와 선량한 풍속)에 반하는 것이기 때문에 무효입니다. 그러나 법원은 이 계약을 형식적으로 창기가업계약과 금전대차貸借상의 계약으로 나누어 창기가업계약은 위법이지만, 금전대차상의 계약은 유효하다며 선금의 반환을 명령하는 판결을 내립니다. 따라서 돈을 갚을 수 없는 창기는 유곽에 계속해서 구속될 수밖에 없었습니다.[11]

원래 공서양속에 반하는 계약은 전부 무효이기 때문에 선금을 갚을 필요가 없다는 판단을 내려야만 합니다. 하지만 그러한 대법원 판결이 나오고 확정된 것은 전쟁이 끝나고 10년이 지난 1955년입니다. 이 판결이 나오기까지 비정상적인 사태가 계속되었습니다.

자유 의지에 따른 돈벌이라는 겉모습과는 달리 '거주의 자유'가 없었을 뿐 아니라 '폐업의 자유', '손님을 선택할 자유', '외출의 자유', '휴업의 자유'도 업자 등에 의해 사실상

박탈당했습니다. 즉 공창제도는 성노예 제도였던 것입니다. 한편 내무성은 1933년 '외출의 자유'를 인정하도록 업자에게 지시하고, 허가제라면 '외출의 자유'가 있다고 할 수 없다고 주의를 줍니다. 하지만 이 규정이 제대로 지켜졌다고는 볼 수 없습니다.

이에 비해 군'위안부' 제도는 '거주의 자유'는 물론 공창제도가 외견상 인정한 '자유 폐업' 규정도 없었을 뿐더러, '외출의 자유'도 인정되지 않았습니다. 외출의 자유는커녕 군'위안부'는 외출 자체가 엄격하게 제한되어 있었습니다. 몇 가지 예를 들어 보도록 하겠습니다.

1939년 중국 후베이성의 거디엔葛店이라는 곳에 주둔하고 있던 독립산포병제3연대는 "위안부의 외출에 관해서는 연대장의 허가를 받도록 할 것"이라는 규정을 만듭니다.[12] 그리고 이 부대가 1940년 작성한 규정에서는 군'위안부' 등의 산책 구역을 제한하고 있습니다. 또한 필리핀 파나이섬 이로이로 시에 있었던 비도군정감부比島軍政監部 비사야지부 이로이로 출장소는 업자에게 '위안부 외출을 엄중 단속'하도록 하는 규정을 만듭니다. 그리고 군'위안부'의 산책 구역은 1블럭 구획의 작은 공원을 벗어나지 않도록, 산책 시간은 오전 8시에서 10시까지의 2시간으로 제한합니다.[13]

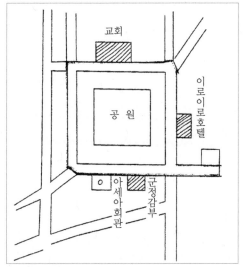

자료 1_ '위안부'의 외출 규제(필리핀 이로이로시)

공원을 중심으로 색칠한 부분 내의 범위에서만 외출이 가능했다. 아세아회관도 위안소이다.

출전 : 比島軍政監部ビザヤ支部イロイロ出張所,「慰安所規定(第一慰安所, 亜細亜会館)」, 1942年 11月, 吉見義明 編,『従軍慰安婦資料集』資料70, 大月書店, 1992年).

군'위안부'에게는 손님을 선택할 여지도 없었습니다. 상대하는 것을 거부하면 대부분의 경우 군인에게 제재를 받거나 업자에게 두드려 맞았습니다. 이러한 외견상의 '보호' 규정조차도 없었던 군'위안부'제도는 문자 그대로의 성노예제도였던 것입니다.

당시 **공창제도**는 어느 **국가**에서나 ##흔히 존재했던 것일까?

공창제도가 당시 세계 어디에나 존재했었다고 해도, 그것을 핑계로 공창제도와 군'위안부'제도를 정당화하는 것은 불가능하다고 생각합니다.

공창제도는 19세기 후반부터 20세기 초에 걸쳐 점차 폐지되어 갔습니다. 영국은 1886년에 폐지했으며 이어서 노르웨이, 스웨덴, 덴마크, 뉴질랜드, 캐나다 등도 폐지합니다. 1930년대까지 꽤 많은 국가가 폐지했는데, 존속하고 있던 국가는 일본, 호주, 이탈리아, 스페인 등이었습니다.[14] 일본군이 '위안부' 제도를 만들기 시작한 1932년 이후에 공창제도를 폐지한 국가가 많이 늘어났던 것입니다. '세계 어디에나 흔히 존재했다'라고는 말하기 어렵습니다.

일본에서도 1893년 군마群馬현이 공창제도를 폐지합니다.

1930년부터 1941년 사이에는 사이타마埼玉·아키타秋田·나가사키長崎·아오모리青森·도야마富山·미에三重·미야자키宮崎·이바라키茨城·가가와香川·에히메愛媛·도쿠시마德島·돗토리鳥取·이시카와石川 등 13개 현이 폐지합니다(단 '예기藝妓' 등은 남는 경우가 있었습니다). 그리고 후쿠이福井·후쿠시마福島·니가타新潟·가나가와神奈川·나가노長野·오키나와沖繩·야마나시山梨·이와테岩手·고치高知·미야기宮城·가고시마鹿兒島·히로시마廣島·사가佐賀·오카야마岡山 등 14개 현이 폐창 결의를 합니다.

일본 정부도 영국 등이 동남아시아에서 공창제도를 폐지(예를 들면 말레이시아 페낭에서는 1919년 폐지)하는 데 협력합니다. 그 일환으로 해외에 끌려가 매춘을 강요당했던 '가라유키 상'을 폐업시킵니다. 이렇듯 일본에서도, 일본 이외의 아시아에서도 공창제도는 흔한 것은 아니었습니다.

군'위안부'는 장군보다
수입이 좋았을까?

'역사사실위원회'는 좌관이나 장관보다도 군'위안부'의 수입이 많았다고 주장합니다. 이런 일이 있을 수 있었을까요? 결론부터 말하자면 그것은 해외에서 벌어졌던 극단적인 인플레이션을 고려하지 않은 말도 안 되는 주장에 불과합니다. 구체적으로 살펴보도록 하겠습니다.

'역사사실위원회'가 증거로 제시하는 것은 앞에서 설명 드린 「일본인 포로 심문 보고」 제49호입니다(51쪽 참조). 이 보고에는 군'위안부'는 보통 1개월에 총액 1,500엔 정도의 수입이 있었는데, 그중 50%나 60%를 업자에게 건넸다고 되어 있습니다(보다 상세한 다른 자료에는 최고 1,500엔, 최저 300엔으로 되어 있습니다). 이것이 사실이라면 실제 수입이 많은 경우는 월 600엔에서 750엔(연 7,200엔에서 9,000엔)이 됩니다. 당시 미얀마 통화는 루피로, 1루피는 1엔으로 환산되었습니다. 그런데 군'위안부'가 받았던 것은 기존의 통화가 아니라 남방개발금고가 발행한 남방개발금고권(군표)이었습니다. 1943년 당시 육군 대좌(대령)의 특별 수당 등을 제외한 연봉이 4,440엔, 육군 대장은 6,600엔이었으므로(「대동아전쟁 육군 급여령」) 액면가만 보면 수입이 대장보다도 많으면 많았지 적지는 않았던 것처럼 보입니다.

그러나 「일본인 포로 심문 보고」 제49호는 상기 내용에 이어 업자가 식료품 및 기타 물품의 대금을 군'위안부'에게 요구했기 때문에 그녀들의 생활은 곤란했었다고 기술하고 있습

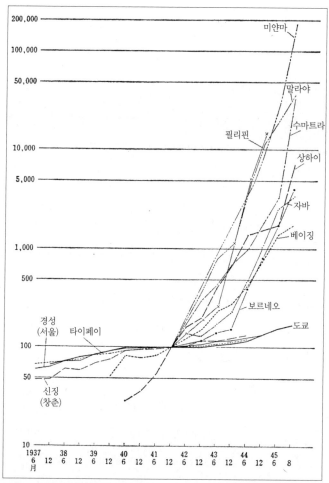

그림 1_ '대동아공영권' 하의 물가지수

출전 : 小林英夫, 『增補版「大東亜共栄圏」の形成と崩壊』, 御茶の水書房, 2006年. 원전 (原典)은 日本銀行統計局 編, 『戦時中金融統計要覧』, 同局, 1947年.

표 1_ 아시아 각지의 물가지수

	도쿄	랑군	마닐라	싱가포르	바타비아
1943. 12	111	1,718	1,196	1,201	227
1944. 6	118	3,635	5,154	4,469	492
1944. 12	130	8,707	14,285	10,766	–
1945. 3	140	12,700	14,285	–	1,752
1945. 6	152	30,629	–	–	2,421
1945. 8	161	185,648	–	35,000	3,197

출전 : 日本銀行統計局 編, 『戰時中金融統計要覽』, 同局, 1947年.

니다. 월수입이 750엔이라고 해도 실 수령액은 적었던 것입니다. 왜일까요? 그림 1[15]을 보면 그 이유가 선명하게 드러납니다.

일본군이 점령한 해외 각 지역은 1943년경부터 심각한 인플레이션을 겪고 있었습니다. 말라야·수마트라 등 일본에서 멀리 떨어진 지역일수록 더 심각했습니다. 특히 미얀마와 필리핀이 심각했습니다. 고바야시 히데오小林英夫 와세다대학 교수는 도쿄를 축으로 한 동심원의 주변부로 가면 갈수록 '인플레이션이 격렬하게 진행되었다'고 주장합니다.[16] 이는 필리핀을 별도로 하여 살펴보면 그대로 적용됩니다. 그림 1에서 볼 수 있듯이 1941년 12월을 100으로 할 때 도쿄에서는 1945년 8월경까지 물가가 1.6배 정도 오르는 데 머물렀던 것에 비해, 미얀마에서는 1천 배를 넘어 2천 배나 올랐습니다.

이것을 숫자로 나타내면 표 1과 같습니다. 이것을 근거로 계산하면 1944년 6월 미얀마(랑군)에서 750엔은 도쿄에서는 24엔 정도의 가치밖에 안 됩니다(12월에는 11엔 정도로 하락). 1945년 8월에는 미얀마에서의 750엔이 도쿄에서는 1엔 이하(65전 정도)의 가치밖에 없었습니다. 고노에 사단 장교였던 후사야마 다카오總山孝雄 일본 학사원學士院 회원은 북수마트라의 상황을 "인플레이션으로 군표의 가치는 점점 더 내려가 마을 식당에서는 라면 한 그릇 가격이 장교의 1개월분 급여 정도였다"고 회상합니다.[17] 미얀마의 인플레이션은 그보다 더 심각했습니다. 역사학자 오타 쓰네조太田常藏 씨는 "19년(1944년) 후반 이후 전황戰況의 불리함은 군표의 가치를 감소시켰다. 20년(1945년) 3월 만달레이 함락 후 군표는 거의 가치가 없었다"고 기술하고 있습니다.[18] 즉 월 750엔이라고 해도 가치는 거의 없었기 때문에 생활조차 곤란했던 것입니다.

이어서 자료 2를 보도록 하겠습니다.

이것은 미얀마에 끌려갔던 '위안부' 피해자 문옥주 씨의 군사우편저금 원부 조서입니다. 저금은 1943년 3월부터 시작되는데, 1945년 들어서 갑자기 크게 늘어나 5월 23일에는 1만 엔이나 저금을 합니다. 1만 엔이라면 대장의 연봉을 능가

자료 2_ 문옥주 씨의 군사우편저금 원부 조서
(구 우정성 구마모토[熊本]저금사무센터 보관)

출전 : 文玉珠, 『ビルマ戦線　楯師団の「慰安婦」だった私』, 梨の木舎, 1996年.

하는 액수입니다. 하지만 오타 교수가 말한 바와 같이 1만 엔이라고 해도 이미 가치를 상실한 돈이었습니다.

　문옥주 씨의 회상에 따르면 업자는 돈을 거의 주지 않았고, 군인이 준 팁이 쌓인 거라고 합니다.[19] 군인은 군표를 갖고 있어도 가치가 없고 아무 것도 살 수 없었기 때문에, 문옥주 씨에게 팁으로 줬던 것입니다. 그 돈을 쓸 수 있는 곳이 없었기 때문에 저금을 했던 것이고요. 문옥주 씨는 일본이 전쟁에 패할 때까지 고향에 돌아갈 수 없었기 때문에 단 1엔도 찾지 못했습니다. 만약 운이 좋아 전쟁 중에 조선에 돌아갔다고 해도, 일본 정부가 해외의 격렬한 인플레이션이 일본과 조선에 파급되는 것을 막기 위한 조치를 취하고 있었기 때문에 액면 그대로는 돈을 찾기 어려웠을 것입니다. 전혀 가치가 없는 군표를 모은 꼴이 되는 것입니다. 따라서 '위안부'들이 '많은 돈을 벌었다'는 주장은 사실 오인誤認이었다고 하는 게 됩니다.

대우는 좋았었나

'역사사실위원회'는 여성들이 좋은 대우를 받았다는 것을 증명할 수 있는 증언이 많이 있다고 주장합니다. 그것은 군위안

소를 이용한 군인들의 시각입니다. 괴로움을 숨기고 고분고
분 장교와 병사의 성 상대를 하면 나름대로 괜찮은 대우를 받
았던 경우도 있었을지 모릅니다. 그러나 대우가 좋았다는 증
언이 많다는 것은 한편으로 매일 밀려드는 군인의 성 상대를
해야만 하는 힘든 처지에 놓였던 여성들이 비탄에 잠겨 괴로
워하고 있었다는 사실을 깨닫지 못한 군인이 그만큼 많았다
는 것을 의미한다고 할 수 있습니다.

이와는 반대로 군'위안부'를 동정한 군인들의 증언도 많습니
다. 몇 가지 사례를 보도록 하겠습니다. 한커우漢口 병참사령부
의 호리에 사다오堀江貞雄 사령관은 군위안소를 처음 시찰했을
때의 인상을 전쟁이 끝난 후 다음과 같이 회상합니다.

나는 거수경례로 예의를 표하면서도 침울해서 그녀들을 똑바로
쳐다보기가 어려웠다. 이것은 도의심道義心을 조금이라도 갖고
있는 사람이라면 당연한 것이라고 생각했다. 그리고 나서 일일
이 방을 안내받았다. 실내의 세간, 침구, 위생시설 등 이렇게 잘
정비되어 있다고 설명을 받았지만, 처음에 쇼크를 받은 나는 겉
모습이 그럴듯할 뿐이지 그 배후에 숨겨진 비참한 상태를 생각
하니 뭐라 할 수 없는 불쾌한 감정에 빠졌다.[20]

이것이 고급 장교라면 가져야 할 제대로 된 생각이 아닐까요? 호리에 대좌가 보았던 군위안소는 설비가 잘 갖춰진 대도시의 위안소였습니다. 다음에는 베트남에서 군위안소를 본 어느 하급 장교의 전쟁이 끝난 후의 기록입니다.

전부터 소문으로는 들었던 피야(위안소)지만, 너무나도 아무렇지도 않은 듯한 현실은 자극이라기보다 색다른 세계와 만났다는 생각이 들었다. 대낮에 당당하게 줄을 서서 순서를 기다리는 자들의 바로 앞에서는 일을 끝내고 반바지의 허리끈도 제대로 매지 않고 줄줄이 나오는 모습의 생생함. 들떠 있는 것도 아니고 모종의 긴장 속에 컨베이어 시스템처럼 진행되는 의식은 금단의 열매를 모르는 나를 움츠러들게 했다.[21]

이렇게 군인마저도 움츠러들게 하는 군위안소에서 컨베이어 벨트식으로 밀려오는 병사를 상대해야만 했던 여성들의 대우가 좋았다고 말하는 사람들은 도대체 무슨 생각을 하고 있는 걸까요?

군'위안부'가 좋은 대우를 받았고 수입도 좋았다는 주장은 "제2차 세계대전의 비참한 시기에 많은 여성들은 가혹한 고통을 경험했다. 우리들은 이 역사적 사실을 깊은 유감을 갖고 직시하고자 한다"는 자신들의 생각과도 모순된다는 점을 깨닫기 바랍니다.

다른 군대에도
'위안부'가 있었는가?

'역사사실위원회'는 다른 군대도 매춘업소를 설치했었고, 미군은 일본 점령 초기에 군위안소를 설치하라는 요구를 했다고 주장하고 있습니다. 다른 나라의 군대에 일본군'위안부' 제도와 같은 제도가 있었다고 한다면 그것은 그것대로 큰 문제입니다. 그러나 그렇다고 해서 일본군과 정부의 책임이 면제되는 것은 아닙니다. 가령 인권침해를 모두가 하고 있다고 해도, 인권침해는 용서될 수 없는 것입니다.

군이 솔선해서 이러한 제도를 만들고 유지·관리했던 것은 아직까지 확인된 바로는 일본군과 독일군밖에 없습니다. 미군 주변에도 매춘업소는 있었지만 군이 직접 위안소를 만들거나, 군이 선정한 업자가 여성들을 모집하도록 하지는 않았습니다.

그리고 일본 점령군위안소는 확실히 일정 기간 존재했습니다만, 이것은 미군의 요구에 의해 만들어졌다기보다는 일본 정부가 나서서 설치했던 것으로 1946년 3월 미군의 지시에 의해 폐쇄되었습니다.

군'위안부' 문제는 '20세기 최대 인신매매 사건 중 하나'라고 할 수 없는가?

미국 하원 결의는 군'위안부' 문제는 '20세기 최대 인신매매 사건 중 하나'라고 규정합니다. 이것을 매우 심각한 고의적 왜곡이라고 할 수 있을까요? 저는 미국 하원 결의는 왜곡이 아니라고 생각합니다. 왜냐하면 지금까지 검토한 바와 같이 군'위안부' 제도의 본질 중 하나가 인신매매·유괴·약취이기 때문입니다.

'역사사실위원회'는 군'위안부'의 수는 2만 명으로, 그 가운데 5분의 2는 일본인이었다는 하타 이쿠히코 전 니혼대학 교수의 새로운 설을 내세웁니다. 가령 그렇다고 해도 인신매매 등으로 2만 명이나 군위안소에 구속했다면 '20세기 최대 인신매매 사건 중 하나'라고 할 수밖에 없는 것이 아닐까요? 8천 명이나 일본인 여성을 인신매매로 국외로 이송했다면 그

것도 커다란 문제입니다. 왜냐하면 일본인 '위안부' 대부분은 인신매매되어 유곽 등에 구속되었다가 다시 군'위안부'가 되어 군위안소에 구속되었기 때문입니다.

저는 군'위안부' 수는 2만 명보다는 훨씬 많고, 일본인 이외의 여성 비율도 더 높다고 생각합니다. 그 이유를 하타 씨의 기존의 주장에 근거해서 말씀드리겠습니다.

하타 씨는 예전에 다음과 같이 주장했습니다. 전쟁 중 외지에 파견된 육해군 병력은 태평양전쟁 발발시 208만, 종전시 256만, 전사자 200만으로 군'위안부'가 배치되지 않았던 지역을 고려해서 기본수를 300만으로 잡는다. 병 50명에 1명의 비율로 배치되었다고 볼 때 300만÷50=6만이 된다. 여기에 군'위안부' 교체율을 1.5로 잡으면 6만×1.5=9만이 된다. 따라서 총 수는 6만에서 9만일까, 라고.[22] 이 방법은 합리적이라고 생각합니다. 단 일본 육군은 병 100명에 1명의 비율로 군'위안부'를 준비했었다는 것이 킨바라 세츠조金原節三의 「육군성업무일지 적록摘錄」 등에 기록되어 있는 점, 교체율이 적어도 1.5였을 것이라는 점을 고려하면 다음과 같이 됩니다.

$$300만 \div 100 \times 1.5 = 4.5만$$

이것은 군의 상부에서 준비한 숫자로, 이외에도 현지의 각 부대와 경찰대 등이 독자적으로 모집한 숫자를 포함시키면 아무리 적게 잡아도 5만 이상일 것이라는 게 제 생각입니다. 여기에 중국인 '위안부'의 교체비율은 더 높았다는 점, 단기간의 감금·강간 사례도 많았다는 점을 고려하면 실제 숫자는 더 많았을 것입니다.

하타 씨는 새로운 설에서 군의 기본 수를 250만 명으로 축소시키고, 군'위안부' 기준도 병 150명에 1명으로 그 비율을 줄였습니다. 따라서 250만÷150=1.6만에 '만주'·중국 교체율 1.5, 남방은 교체가 없는 것으로 하면 총 수는 약 2만이 됩니다.[23] 그러나 줄여도 너무 줄였습니다.

또 군'위안부'의 민족별 구성도 일본인이 아닌 타민족 사람들이 압도적으로 많았다는 것이 대본영 육군부 연구반이 1940년에 작성한 조사보고 「지나사변 관련 군기풍속 견지에서 관찰한 성병에 대해」에 잘 나타나 있습니다. 이것을 보면 중국에서 성병에 걸린 병사는 1940년의 경우 14,757명입니다. 감염 시 '상대방 여자'에 대한 조사를 근거로 민족별 구성을 정리하면 다음과 같습니다.[24]

조선인 51.8%, 중국인 36.0%, 일본인 12.2%

물론 '상대방 여자' 모두가 '위안부'였던 것은 아니지만, 대부분은 '위안부'였다고 생각합니다. 성병에 걸린 비율이 세 민족이 똑같지 않을 수 있다는 사정도 고려해야겠지만, 1940년 당시 일본인 '위안부' 수는 조선인·중국인에 비해 매우 적었습니다. 또 중국인 '위안부'는 교체율이 높았기 때문에 비율도 더 높아집니다. 1942년 이후에는 동남아시아와 태평양 지역의 여성도 군'위안부'로 동원했는데, 그 비율도 꽤 높았을 것이라고 생각합니다.

군'위안부'의 수가 2만 명이든 5만 명 이상이든 이렇게 많은 수의 여성들이 일본군 위안소에 구속되어 있었다고 한다면 이것을 '20세기 최대 인신매매 사건 중 하나'라고 부르는 것은 당연한 것입니다. 또한 이는 일본인 여성을 포함한 다수의 여성들에 대한 중대한 인권침해 사건입니다. 더욱이 민간 업자가 멋대로 한 것이 아니라 일본이라는 국가가 이러한 제도를 만들고 운영했다는 점은 커다란 문제입니다.

또한 '성性적 위안'이라는 명목으로 군위안소를 제공받은 병사들에게도 그것이 인간의 존엄을 침해하는 행위였다는 점에서 심각한 문제를 초래합니다. 부추겨진 욕망에 따라 군위안소를 출입하고 병영 내에서 '위안부' 이야기로 밤을 새우던 한 병사는 1938년 4월 21일 일기에 '어리석은 어리석은 내

자신'이라고 기록했습니다.[25] 일본군은 위안소를 만들어 병사의 성욕을 비대화시켜 그들을 자신도 모르는 사이에 가해자로 만듦과 동시에 인간성 파괴라는 비참한 상황에 빠뜨렸다고 할 수 있습니다.

여성들은 자유 의지로
응모했는가?

'**여**사사실위원회'가 직접 언급하지는 않았습니다만, 일부에서는 군'위안부' 모집 광고가 당시 조선의 신문에 실린 것을 근거로 여성들이 자유 의지로 응모했다는 것은 명백하며, 수입도 괜찮았다는 주장을 합니다. 만약을 위해 이 주장에 대해서도 검토를 하도록 하겠습니다.[1] 여기서 말하는 신문광고란 『경성일보』(1944년 7월 26일)와 『매일신보』(1944년 10월 27일)에 게재된 광고입니다.

『경성일보』에는 연령 17세 이상 23세까지로 근무처는 '후방 ○○대隊 위안부'이며, 월수입은 300엔 이상이라고 되어 있습니다. 광고를 낸 것은 이마이今井소개소라는 소개업자(인신매매업자)입니다. 『매일신보』에는 연령 18세 이상 30세 미만으로 월수입은 명기되지 않았습니다. 모집자가 허씨인 것

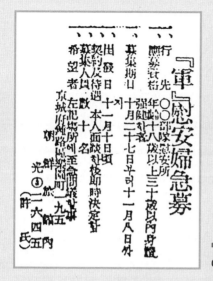

『매일신보』(1944년 10월 27일)
에 게재된 군'위안부' 모집 광고

『경성일보』(1944년 7월 26일)에
게재된 군'위안부' 모집 광고

을 볼 때 조선인 소개업자로 추정됩니다.

광고 내용을 보면 먼저 월수입 300엔은 무척 고수입이라고 할 수 있는데, 이것은 인신매매업자가 사용하는 상투적인 속임수입니다. 이것을 사실이라고 믿기는 어렵습니다. 1932년에 이미 월수입이 200엔에서 300엔이 된다고 속여 나가사키의 여성들을 유괴했던 사례를 상기해 주시기 바랍니다(32쪽 참조). 조선의 경우는 신문을 이용하여 공공연히 감언을 늘어놓았던 것입니다. 이것은 중대한 문제입니다.

다음으로 여성들이 이 신문을 읽고 응모했을 것이라는 주장도 현실과는 다릅니다. 군'위안부'가 되었던 여성들 대부분은 집이 가난하여 학교에 다니지 못했고, 문자를 읽지 못했습니다. 또 친족의 소녀를 인신매매할 수밖에 없는 처지에 내몰렸던 가난한 집이 신문을 구독하고 있었다고 볼 수도 없습니다.

그렇다면 업자는 누가 보라고 이 광고를 낸 것일까요? 다른 인신매매업자(하청업자)들이 보라고 낸 게 아닐까요? 또 하나 중요한 것은 『경성일보』와 『매일신보』 모두 사실상 조선총독부의 기관지였다는 점입니다. 이 광고는 국외이송을 목적으로 하는 군'위안부'를 공공연히 모집하기 위한 것으로, 군'위안부' 모집에 한정해서 총독부는 군'위안부' 모집을 인정했던 것입니다. 광고주는 군이 선정한 모집업자였다고 생각할 수밖에 없습니다. 모집업자의 감언을 포함한 광고가 『경성일보』에 실렸다는 것은 유괴를 총독부가 묵인했다는 증거입니다.

또한 『경성일보』에는 '월수 300엔 이상[선금 3천 엔까지 가능]'이라고 일본어로 쓰여 있습니다. 같은 광고가 23·24·26일 연이어 게재되나 그 앞뒤에는 없는 것을 보면, 군이 갑자기 '위안부'가 필요하게 되어 급하게 모집시켰다고 생각됩니다. 24일부터 '선금 3천 엔까지 가능'이라는 문구가 추가된 것도 중요합니다. 이것은 인신매매 한다는 광고이기 때문입니다. 이 광고는 조선총독부가 국외이송 목적의 인신매매와 유괴를 군'위안부' 이송의 경우라면 묵인했다는 사실을 보여주는 것이라 할 수 있습니다.

문제해결을 위하여

일본군'위안부' 문제는 어떻게 하면 해결할 수 있을까요? 해
결을 위해 피해를 당한 여성들의 명예와 존엄을 회복하는 것
이 필요합니다.

앞에서 말씀드린 것처럼 일본 정부는 1993년 고노 관방장
관 담화를 통해 "당시 군의 관여 하에 많은 여성의 명예와 존
엄에 깊은 상처를 준 문제이다"라고 인정했습니다. 단 담화
에서는 책임의 주체를 애매하게 하는 '군의 관여'라는 표현이
사용되었습니다. 1995년에는 '여성을 위한 아시아평화 국민
기금'(아시아여성기금)이 설치되어 총리의 사죄편지와 민간 모
금에 의한 보상금, 정부 출자의 의료·복지 지원금이 피해를
입은 여성들에게 전달되었습니다. 이것을 받은 여성들은 모
두 285명이라고 합니다. 이 조치로 만족한 분들이 있을지도
모릅니다.

그러나 한국·대만·필리핀에서는 더 많은 여성들이 이 조치를 거부했습니다. 받아들여도 그것은 배상이 아니라며 일본 정부에 의한 배상을 별도로 요구하는 분들도 계십니다. 또한 네덜란드에서는 배상금 지불이 없었고, 인도네시아에서는 인도네시아 정부의 방침에 따라 의료·복지 지원금을 포함해 개인에게는 돈을 전달하지 않았습니다. 중국·북한·베트남·말레이시아·싱가포르·태국·미얀마·동티모르 등은 사업의 대상조차 되지 못했습니다.

아시아여성기금을 통한 해결은 제한적이었습니다. 근본적인 해결책이 아직도 필요합니다. 그렇다면 무엇이 필요할까요?

첫째, '군의 관여 하에'라는 주어가 애매모호한 표현은 그만두고 "많은 여성의 명예와 존엄에 깊은 상처를 준" 주체가 일본군이었음을 명확하게 인정할 필요가 있습니다. 또한 일본군으로 인해 많은 여성들이 성적 노예 상태에 놓여있었다는 것을 인정해야 합니다. 책임의 주체와 문제의 본질을 불분명하게 한 채 사죄하는 것은 상대방이 인정하지 않기 때문입니다.

둘째, 도의적인 책임뿐 아니라 법적인 책임도 인정해야 합니다. 총리의 사죄편지에는 '도의적인 책임을 통감하면서'라는 문구가 있습니다만, 법적인 책임에 대한 언급은 없습니다. 본래 '도의적 책임'이란 매우 무거운 단어입니다. 그러나 일본의 관료는 이것을 '법적인 책임은 없다'는 것을 나타내는 가벼운 용어로 사용해 왔기 때문에 더더욱 법적인 책임 인정이 필요합니다.

셋째, 배상을 위한 돈은 정부가 지출해야 합니다. 아시아여성기금 설립 당시 저는 내각 외정심의실 담당자에게 정부는 단 1엔이라도 보상금으로는 지출할 수 없다는 말을 듣고 기가 막혔었습니다. 정부 출자의 의료·복지 지원금은 법적 책임이 있다는 것을 인정하지 않는 이른바 위로금이지, 배상은 아닙니다. 또 민간이 임의로 한 모금이 배상이 될 수 없다는 것은 자명합니다.

넷째, 확실한 재발방지 조치를 취해야 합니다. 거듭 말씀드리지만 고노 관방장관 담화에서는 '역사연구, 역사교육을 통해서' 이러한 문제를 오랫동안 기억하고 같은 잘못을 결코 되풀이하지 않겠다는 굳은 결의를 표명했습니다. 총리의 사죄 편지에도 "사죄와 반성의 마음을 토대로 과거의 역사를 직시하고 올바르게 이것을 후세에 전달한다"고 기술하고 있습니다. 그럼에도 불구하고 자민당을 중심으로 한 연립정권 당시 중학교 역사교과서에서는 군'위안부' 기술의 삭제가 진행되었습니다. 단지 립서비스가 아니라, 약속한 것은 지켜야 합니다. 정부와 공적인 기관이 갖고 있는 관련자료 전부를 공개하고 역사연구를 지원해 진상을 규명함과 동시에, 역사교육·인권교육·평화교육의 실천을 지원하고 장려해야 합니다. 또한 군위안소 유적을 보존하고 기념관을 설립해야 합니다. 그리고 미 하원·유럽 의회·캐나다 하원의 결의가 권고하고 있듯이 군'위안부'를 복종시키고 노예 상태에 두었다는 것을 부정하는 주장에 대해 일본 정부가 공적으로 반론하도록 해야 합니다.

다섯째, 여성들이 군위안소에서 입은 신체적·정신적 피해를 치료하고 달래기 위한 의료적 조치를 충분히 실시해야 합니다.

여섯째, 이상의 조치를 실행하기 위해 관방장관 담화를 넘어서는 각의결정을 통한 새로운 총리성명을 발표하고, 국회 결의를 채택해야 합니다. 그리고 이미 국회에 수차례에 걸쳐 제안된 「항구평화조사국 설치법안」을 성립시켜 군'위안부' 문제를 포함한 일본의 전쟁책임 문제에 관한 국내 자료공개와 국외 자료조사 및 여성들의 피해실태에 관한 구술조사를 철저히 해야 합니다. 또 2000년부터 국회에 제출된 「전시 성적 강제 피해자 문제의 해결 촉진에 관한 법률안」을 성립시

켜, 이것에 기초해서 여성들에게 배상한다면 세 번째 문제점
은 극복할 수 있을 것입니다.

　이상의 조치가 실행된다면 피해자의 명예와 존엄은 회복될
것이며, 여성에 대한 성폭력 근절과 이민족 차별 극복을 위한
커다란 발걸음을 내딛는 것이 가능해질 것입니다. 그리고 이
것은 아시아태평양전쟁과 관련된 미해결 과거를 극복하는 데
도 기여하는 것으로, 아시아에서 서로에 대한 신뢰가 만들어
질 것입니다. 또한 아시아가 평화롭게 공존·공생하는 데도
틀림없이 크게 공헌할 것입니다. 이상의 조치가 실현된다는
것은 우리들 한 사람 한 사람의 인권이 침해당하는 것을 방지
하고, 각 개인의 평화적 생존권을 보장하는 길이기도 합니다.
우리들의 밝은 미래를 위해 일본군'위안부' 문제가 근본적으
로 해결되길 진심으로 기원합니다.

※ 이 책은 「日本軍「慰安婦」問題について」(『전쟁책임연구』 64호, 2009년 6월)를 가필
　　수정한 것입니다.

고노 내각관방장관 **담화**

이른바 종군위안부 문제에 관해서 정부는 재작년 12월부터 조사를 진행해 왔는데, 이번에 그 결과가 정리되었기에 발표하기로 한다.

이번 조사 결과, 장기적으로 또한 광범위한 지역에 걸쳐 위안소가 설치되었고, 많은 수의 위안부가 존재했다는 사실이 인정되었다. 위안소는 당시 군 당국의 요청에 의해 준비된 것으로, 위안소의 설치, 관리 및 위안부의 이송에 관해서는 구 일본군이 직접 혹은 간접적으로 여기에 관여했다. 위안부의 모집에 관해서는 군의 요청을 받은 업자가 주로 이것을 담당했으나, 이 경우에도 감언, 강압에 의하는 등 본인들의 의사에 반해서 모집된 사례가 많이 있으며, 더욱이 관헌 등이 직접 여기에 가담한 사실도 있다는 것이 밝혀졌다. 또한 위안소의 생활은 강제적인 상황 아래에서의 처참한 것이었다.

그리고 전쟁터로 이송된 위안부의 출신지는 일본을 별도로 하면 조선반도가 커다란 비중을 차지하고 있는데, 당시 조선반도는 우리나라의 통치 아래 있었는데, 그 모집, 이송, 관리 등도 감언, 강압에 의하는 등 총체적으로 본인들의 의사에 반하여 이루어졌다.

결국 본 건은 당시 군의 관여 아래 수많은 여성의 명예와 존엄에 깊은 상처를 입힌 문제다. 정부는 이 기회에 다시 한 번 그 출신지 여하를 불문하고 이른바 종군위안부로 수많은 고통을 경험하여 몸과 마음에 치유되기 어려운 상처를 받은 모든 분들께 진심으로 사죄와 반성의 뜻을 전한다. 또한 이러한 뜻을 우리나라로서 어떻게 나타낼 것인가에 관한 것은 유식자有識者의 의견도 구하면서, 앞으로도 진지하게 검토해야 할 사안이라고 생각한다.

우리들은 이러한 역사의 진실을 회피하지 않고, 오히려 이것을 역사의 교훈으로 직시해 나가고자 한다. 우리들은 역사연구, 역사교육을 통해 이러한 문제를 오랫동안 기억해 결코 똑같은 잘못을 반복하지 않겠다는 굳은 결의를 다시금 표명한다.

덧붙이자면 본 문제에 관해서는 본방本邦(주 : 일본)에서 소송이 제기되어 있고, 또 국제적으로도 관심이 쏠리고 있는데, 정부로서는 앞으로도 민간의 연구를 포함해 많은 관심을 쏟고자 한다.

1993년 8월 4일

I. 일본군 '위안부' 제도란 무엇인가

1   陸上自衛隊衛生学校 編, 『大東亜戦争陸軍衛生史』 第一巻, 同校, 1971.

2   大塚仁ほか, 『大コンメンタール刑法』 第2版 · 第11巻, 青林書院, 2002.

3   警察廳, 「元飲食店店員拉致容疑事案(兵庫)について」, 2005年 4月 25日.

4   戸塚悦朗, 「日本軍「従軍慰安婦」被害者の拉致事件を処罰した戦前の下級審刑事判決を発掘」正 · 続, 『龍谷法学』 37巻 3号(2004年 12月) · 38巻 4号(2006年 3月).

5   상세한 내용은 吉見義明, 『従軍慰安婦』, 岩波書店, 1995 참조.

6   吉見義明 編, 『従軍慰安婦資料集』, 大月書店, 1992 ; 女性のためのアジア平和国民基金 編, 『「従軍慰安婦」関係資料集成』 全5巻, 龍渓書舎, 1997~1998.

7   永井和, 『日中戦争から世界戦争へ』, 思文閣出版, 2007.

II. 다섯 가지 '사실'을 검증한다

1 長沢健一,『漢口慰安所』, 図書出版社, 1983.

2 山田清吉,『武漢兵站』, 図書出版社, 1978.

3 溝部一人 編,『独山二』, 私家版, 1983.

4 海軍経理学校補修学生第十期文集刊行委員会 編,『滄溟』, 同会, 1983.

5 吉見義明 編,『従軍慰安婦資料集』(자료 99), 大月書店, 1992.

6 상세한 내용은 日本の戦争責任資料センター,『戦争責任研究』56号, 2007年 6月 참조.

7 「日本占領下蘭領東インドにおけるオランダ人女性に対する強制売春に関するオランダ政府所蔵文書調査報告」,『戦争責任研究』4号, 1994年 6月.

8 위와 같음.

9 韓国挺身隊問題対策協議会ほか 編,『証言』, 明石書店, 1993.

10 吉見義明,『従軍慰安婦』, 岩波書店, 1995 참조.

11 牧英正,『人身売買』, 岩波書店, 1971.

12 森川部隊,「森川部隊特種慰安業務ニ関スル規定」, 1939年 11月 14日.

13 「慰安所規定(第一慰安所, 亜細亜会館)」, 1942年 11月.

14 油谷治郎七,『欧米列国風紀及性病法則概観』, 廓清会婦人矯風会廃娼連盟, 1932.

15 小林英夫,『増補版「大東亜共栄圏」の形成と崩壊』, お茶の水書房, 2006. 원 출처는 日本銀行統計局 編,『戦時中金融統計要覧』, 同局, 1947.

16 小林英夫, 『増補版「大東亜共栄圏」の形成と崩壊』, お茶の水書房, 2006.

17 インドネシア日本占領資料フォーラム 編, 『証言集—日本軍占領下のインドネシア』, 龍渓書舎, 1991.

18 太田常蔵, 『ビルマにおける日本軍政史の研究』, 吉川弘文館.

19 文玉珠(森川万智子 構成), 『ビルマ戦線 楯師団「慰安婦」だった私』, 梨の木舎, 1996.

20 堀江貞男, 「声なき戦線」, 앞의 책 『武漢兵站』에서 인용.

21 南原幸夫, 『遥かなる仏印』私家版, 1983.

22 秦郁彦, 『昭和史の謎を追う』下巻, 文藝春秋, 1993.

23 秦郁彦, 『慰安婦と戦場の性』, 新潮社, 1999.

24 국적 불명·상세기록 없음은 제외. 계산 방법은 吉見義明·林博史 編, 『共同研究 日本軍慰安婦』, 大月書店, 1995 참조.

25 迫四会大隊史編纂委員会 編, 『迫撃第四大隊史』, 同会, 1985.

보론. 여성들은 자유 의지로 응모했는가?

1 「慰安婦募集広告と強制連行命令書の有無 現代史家秦郁彦氏に聞く」, 2007年 3月 28日.

- 「慰安婦募集広告と強制連行命令書の有無 現代史家秦郁彦氏に聞く」, 2007年 3月 28日.
- 「慰安所規定(第一慰安所, 亜細亜会館)」, 1942年 11月.
- 警察廳, 「元飲食店店員拉致容疑事案(兵庫)について」, 2005年 4月 25日.
- 溝部一人 編, 『独山二』私家版, 1983.
- 吉見義明 編, 『従軍慰安婦資料集』(자료 99), 大月書店, 1992.
- 吉見義明, 『従軍慰安婦』, 岩波書店, 1995.
- 吉見義明·林博史 編, 『共同研究 日本軍慰安婦』, 大月書店, 1995.
- 南原幸夫, 『遥かなる仏印』私家版, 1983.
- 女性のためのアジア平和国民基金 編, 『「従軍慰安婦」関係資料集成』全5巻, 龍渓書舎, 1997~1998.
- 大塚仁ほか, 『大コンメンタール刑法』第2版 第11巻, 青林書院, 2002.
- 陸上自衛隊衛生学校 編, 『大東亜戦争陸軍衛生史』第一巻, 同校, 1971.
- 小林英夫, 『増補版「大東亜共栄圏」の形成と崩壊』, お茶の水書房, 2006.
- 牧英正, 『人身売買』, 岩波書店, 1971.
- 文玉珠(森川万智子 構成), 『ビルマ戦線 楯師団「慰安婦」だった私』, 梨

の木舎, 1996.

- 迫四会大隊史編纂委員会 編, 『迫撃第四大隊史』, 同会, 1985.
- 山田清吉, 『武漢兵站』, 図書出版社, 1978.
- 森川部隊, 「森川部隊特種慰安業務ニ関スル規定」, 1939年 11月 14日.
- 永井和, 『日中戦争から世界戦争へ』, 思文閣出版, 2007.
- 油谷治郎七, 『欧米列国風紀及性病法則概観』, 廓清会婦人矯風会廃娼 連盟, 1932.
- 日本銀行統計局 編, 『戦時中金融統計要覧』, 同局, 1947.
- 「日本占領下蘭領東インドにおけるオランダ人女性に対する強制売春 に関するオランダ政府所蔵文書調査報告」, 『戦争責任研究』4号, 1994 年 6月.
- 日本の戦争責任資料センター, 『戦争責任研究』56号, 2007年 6月.
- 長沢健一, 『漢口慰安所』, 図書出版社, 1983.
- 秦郁彦, 『昭和史の謎を追う』下巻, 文藝春秋, 1993.
- 秦郁彦, 『慰安婦と戦場の性』, 新潮社, 1999.
- 太田常蔵, 『ビルマにおける日本軍政史の研究』, 吉川弘文館.
- 韓国挺身隊問題対策協議会ほか 編, 『証言』, 明石書店, 1993.
- 海軍経理学校補修学生第十期文集刊行委員会 編, 『滄溟』, 同会, 1983.
- 戸塚悦朗, 「日本軍「従軍慰安婦」被害者の拉致事件を処罰した戦前 の下級審刑事判決を発掘」正・続, 『龍谷法学』37巻 3号(2004年 12 月)・38巻 4号(2006年 3月).
- インドネシア日本占領資料フォーラム 編, 『証言集ー日本軍占領下の インドネシア』, 龍渓書舎, 1991.

1판 1쇄 인쇄   2013년 12월 18일
1판 1쇄 발행   2013년 12월 25일

지 은 이   요시미 요시아키
옮 긴 이   남 상 구
펴 낸 이   주 혜 숙
펴 낸 곳   역사공간
             서울시 마포구 서교동 463-31 플러스빌딩 3층
             전화 : 02-725-8806~7, 02-325-8802
             팩스 : 02-725-8801
             e-mail : jhs8807@hanmail.net
등록   2003년 7월 22일 제6-510호

ISBN 978-89-98205-23-2 03910

＊이 책은 환경보호를 위해 재생종이를 사용하여 제작하였으며
  한국간행물윤리위원회가 인증하는 녹색출판 마크를 사용하였습니다.

가격 8,800원